MÉTHODE CORNET

LE NOUVEAU
JOURNAL-GRAND-LIVRE
DE COMPTABILITÉ UNIFORME

OU

Tenue des Livres démontrée et pratiquée par ce seul Registre

PAR

CORNET-BICHAT

OFFICIER D'ACADÉMIE

Professeur de Comptabilité et de Droit Commercial
Professeur à l'Association Polytechnique, au Collège arménien Moorat, etc.
ARBITRE DE COMMERCE
Expert-Comptable près le Tribunal civil de la Seine

La tenue des Livres et la Comptabilité
sont les premières règles de l'intérêt
public.

Prix : 2 fr. 50

PARIS

CHEZ L'AUTEUR, PROPRIÉTAIRE-ÉDITEUR
Boulevard Sébastopol, 72

ET CHEZ LES PRINCIPAUX LIBRAIRES ET PAPETIERS

1874

MÉTHODE CORNET

LE NOUVEAU

JOURNAL-GRAND-LIVRE

TYPE DE COMPTABILITÉ UNIFORME

Les formalités exigées par la loi française et les traités internationaux ayant été remplies,

Toute Contrefaçon sera poursuivie rigoureusement.

Sera réputé contrefait tout exemplaire non revêtu de la signature de l'auteur.

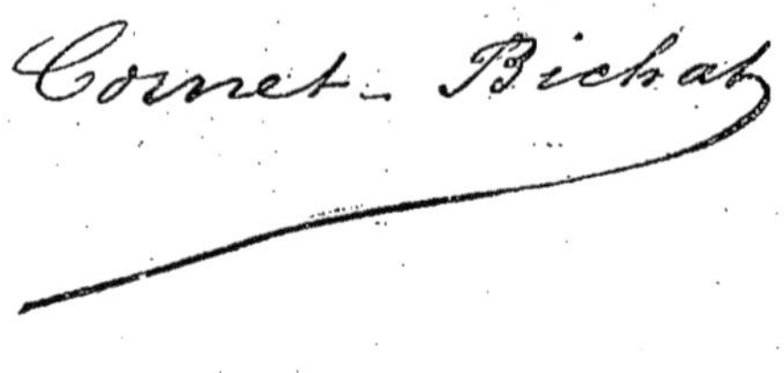

Nota. — Pour faciliter l'étude pratique de la TENUE DES LIVRES, l'auteur met en vente des Cahiers de tous les LIVRES usités dans le commerce. Tous les Cahiers sont classés, arrangés d'après les tableaux des LIVRES expliqués dans sa méthode.

L'Auteur ayant acquis en toute propriété, en se conformant aux lois, le droit de faire établir des Registres de commerce conformes aux modèles donnés dans sa Méthode, prévient le public que tous ces Registres porteront sa signature, et que toute contrefaçon sera poursuivie.

On trouvera de ces Registres chez l'Auteur et chez les principaux Libraires et Papetiers.

Malgré la facilité avec laquelle on peut apprendre notre Méthode, nous nous offrons, en cas de difficulté ou de désir de prendre de nos leçons, à l'expliquer en quelques séances.

METHODE CORNET

LE NOUVEAU

JOURNAL-GRAND-LIVRE

TYPE DE COMPTABILITÉ UNIFORME

OU LA

Tenue des Livres démontrée et pratiquée par ce seul Registre

PAR

CORNET - BICHAT

OFFICIER D'ACADÉMIE

Professeur de Comptabilité et de Droit Commercial

Professeur à l'Association Polytechnique, au Collége arménien Moorat, etc.

ARBITRE DE COMMERCE

Expert - Comptable près le Tribunal civil de la Seine.

> La Tenue des Livres et la Comptabilité sont les premières règles de l'*Intérêt public.*

PARIS

CHEZ L'AUTEUR, PROPRIÉTAIRE-ÉDITEUR

Rue Turbigo, 83, & Boulevard Sébastopol, 72

ET CHEZ LES PRINCIPAUX LIBRAIRES ET PAPETIERS

1874

Ce Volume a été composé à la Fonderie Typographique Gustave Mayeur

Rue du Dragon, 20

A Monsieur le Comte de Ruolz-Montchal,

Inspecteur général

et Membre de la Commission centrale des Chemins de Fer.

Souvenir de reconnaissance et d'attachement
de son ancien Secrétaire,

CORNET-BICHAT.

Paris, Novembre 1874.

PRÉFACE

Depuis l'établissement des chemins de fer, le Commerce, la Banque et l'Industrie ont pris un développement si considérable, et les opérations qui en sont la consé quence se sont tellement multipliées, que leur application sur les livres de commerce donne lieu à de nombreuses complications et à des difficultés que des comptables même expérimentés ne peuvent pas toujours résoudre ; — de là quantité de procès que nos magistrats et nos experts ont souvent de la peine à arbitrer.

Cependant, depuis cette époque, bien des méthodes de comptabilité ont paru, bien des systèmes de tenue de livres ont été employés ; mais, malgré la valeur incontestable de plusieurs de ces méthodes et systèmes, aucun n'a complétement répondu aux besoins du commerce.

Cela vient de ce que leurs auteurs, n'étant pas assez pénétrés de l'esprit de la comptabilité, se sont bien plus préoccupés d'attacher leur nom à une œuvre qui pût rester leur propriété exclusive que de faciliter au commerce l'acquisition et la pratique d'une science qui lui est indispensable, et qui est essentiellement nécessaire à la conservation comme à l'accroissement des richesses privées et de la fortune publique.

En effet, prenant le capital au jour même de son émission, la comptabilité le suit dans les transformations diverses qu'il éprouve, et, montrant exactement les causes de ces variations, donne au commerçant le moyen d'apprécier, à leur juste valeur, chacune de ses opérations, le met en garde contre lui-même et devient ainsi son meilleur guide, son plus sûr conducteur.

Les livres sont réellement l'âme du commerce : c'est par eux qu'on juge et la capacité et la moralité du commerçant. — Reproduction fidèle et exacte de ses opérations bonnes ou mauvaises, ils attestent sa bonne foi ou sa déloyauté ; — le protégent et le défendent en cas de malheur immérité, comme aussi deviennent ses plus terribles accusateurs en cas de fraude ou de dol.

L'importance sociale de la comptabilité a été si bien comprise par le législateur, qu'il a imposé formellement au commerçant, tout en lui laissant le choix du mode de comptabilité, l'obligation de tenir régulièrement des livres, et qu'il a même édicté les peines les plus sévères contre ceux qui manquent à cette obligation.

Il ne faut pas oublier non plus que les intérêts d'un commerçant se trouvent forcément liés à d'autres intérêts ; que sa propre ruine entraîne toujours des pertes plus ou moins sérieuses pour autrui, et souvent une ruine complète ; qu'en réalité, son capital ne lui appartient pas exclusivement, et qu'il en doit compte à la société.

D'où vient alors que cette obligation d'une comptabilité régulière, faite au commerçant tout à la fois par son propre intérêt, par la loi et par sa conscience, est si généralement négligée ?

La divergence, les longueurs, les complications des systèmes de tenue de livres en usage, sont la cause principale de cette indifférence et de cette incurie déplorables

En effet, chaque maison de commerce a sa comptabilité particulière, et c'est une idée généralement admise, que chaque genre d'industrie en réclame une différente : grave erreur !

La comptabilité est la science des comptes : de même qu'il n'y a qu'une seule et unique manière de compter, on ne doit avoir qu'une seule et unique manière de représenter ces mêmes comptes.

Débarrasser la comptabilité des longueurs et des difficultés qui en rendent l'étude si rebutante; ramener tous les systèmes à un mode unique, simple, facile, accessible à toutes les intelligences, pouvant s'appliquer également à tous les genres de commerce ou d'industrie, quels qu'en soient l'objet, l'importance ou l'étendue;

Trouver un registre qui, conformément à la loi, relate jour par jour les opérations du commerçant, et qui présente journellement aussi sa situation active et passive; offre au comptable ou au teneur de livres le moyen de simplifier les opérations, d'en assurer l'exactitude et la régularité; qui permette aux membres du *conseil de surveillance* de sociétés commerciales ou d'associations coopératives le contrôle actif et journalier des opérations; qui, par son extrême simplicité, s'impose de lui-même dans les écoles commerciales, pour servir de base à l'étude pratique de la comptabilité, science qui devrait être le complément de toutes les études; qui offre au magistrat comme à l'expert des moyens certains pour vérifier les écritures d'une comptabilité, et éviter ainsi des procès toujours ruineux; enfin qui, par la régularité forcée de ses opérations, la facilité de les appliquer et de les contrôler, *diminue le nombre des faillites et supprime de fait la banqueroute simple*, qui n'est le plus souvent que la conséquence d'une mauvaise tenue des livres :

Tel est le but que je me suis proposé.

Après vingt ans de recherches laborieuses, après avoir étudié les diverses méthodes, expérimenté les différents systèmes, pratiqué la comptabilité chez un grand nombre de commerçants des plus notables, créé pour ces mêmes maisons, et particulièrement pour les *Associations coopératives*, un mode de comptabilité unique, j'ai trouvé le Nouveau Journal-Grand-Livre, type de comptabilité uniforme qui, par une combinaison des plus simples, présente jour par jour, dans son ensemble, *conformément à la loi*, au moyen d'un *tableau synoptique* de perpétuelle comparaison, *toutes les opérations que fait un commerçant*, et donne journellement aussi sa *situation* ACTIVE et PASSIVE, ses *bénéfices* et ses *pertes*. En outre, le Nouveau Journal-Grand-Livre *évite les erreurs, abrége de beaucoup les écritures, supprime les interminables balances et le pointage, rend inutile le livre des inventaires*, tout en respectant l'inventaire lui-même.

Ce n'est pas un système que je cherche à préconiser, mais bien un mode unique d'application des opérations commerciales sur les registres que je désire populariser, tant au point de vue professionnel que dans l'intérêt général, et qui offre pour le commerçant comme pour l'industriel, pour les sociétés commerciales comme pour les associations coopératives, pour le patron comme pour l'employé, pour le professeur comme pour l'élève, pour le magistrat comme pour l'expert, une simplicité et une facilité des plus remarquables.

Les pages suivantes vont en fournir la preuve

CORNET BICHAT.

DÉMONSTRATION

Avantages de notre Méthode

Nous avons établi, dans notre PRÉFACE, la nécessité de n'employer dans le Commerce qu'un *seul* et *unique mode* de COMPTABILITÉ. Il nous reste à prouver que notre NOUVEAU JOURNAL-GRAND-LIVRE remplit bien les conditions nécessaires pour se substituer à tous les autres systèmes, et à aller au devant des objections et des critiques qui pourraient lui être adressées.

Quelques auteurs, et des plus autorisés, ne sont point partisans du JOURNAL-GRAND-LIVRE ; ils rejettent, par les motifs suivants, tous les systèmes de ce genre :

1° *La disposition même du* JOURNAL-GRAND-LIVRE *et le peu de résultats obtenus jusqu'à ce jour ;*

2° *Les défectuosités ou erreurs matérielles ;*

3° *La confusion des Comptes personnels, réunis en une seule colonne ;*

4° *La perte de papier résultant de la multiplicité des colonnes ;*

5° *L'insuffisance, néanmoins, de ces mêmes colonnes pour présenter la position exacte du Commerçant.*

Nous répondrons :

1° De tous les JOURNAUX-GRANDS-LIVRES que nous avons examinés, étudiés avec soin, aucun n'a justifié son titre et répondu aux besoins du Commerce. Pourquoi ?

Leurs dispositions étaient ingénieuses, mais compliquées, et cependant incomplètes.

En effet, des divers auteurs de JOURNAUX-GRANDS-LIVRES, les uns avaient bien groupé les cinq Comptes Généraux par DOIT et AVOIR, devant représenter toutes les Opérations ; les autres, voulant faire mieux, avaient ajouté un sixième Compte, intitulé : FRAIS GÉNÉRAUX ; d'autres avaient créé une colonne de DIVERS, COMPTES-COURANTS ou PERSONNELS ; ceux-ci avaient surenchéri en disposant un JOURNAL-GRAND-LIVRE donnant les Opérations du JOURNAL et en même temps, sur le même folio, les Comptes-Courants spéciaux de chaque Opération passée ; ceux-là avaient encore augmenté le JOURNAL par des colonnes en blanc, dont les titres étaient laissés à l'intelligence du Comptable. il y a comme cela plus de vingt systèmes différents.

Mais, il faut bien le dire, tous ces Registres, mal interprétés, faussement établis, disposés sans ordre, sans réflexion, avec des séries de colonnes de Doit et Avoir, *soudées* pour ainsi dire les unes aux autres, sans points de repère, ni pour l'œil, ni pour la pensée, ne pouvaient que donner des complications nombreuses, fournir des erreurs matérielles et des grattages continuels, ne présenter qu'un contrôle imparfait, une position incomplète, n'offrir au Comptable aucune sécurité et au Commerçant la vérité sur ses Opérations.

Ces différents systèmes n'obtinrent donc que très peu de succès. Aussi furent-ils bientôt abandonnés par ceux-là mêmes qui les avaient créés.

Mais s'en suit-il, de ce qu'un principe est incomplétement appliqué, qu'il faille le rejeter définitivement ?

Au lieu de rechercher les causes qui firent abandonner le JOURNAL-GRAND-LIVRE et d'y remédier au moyen de simples modifications, nos praticiens préfèrent le condamner absolument.

Pour nous, comprenant toute l'importance et toute la valeur de ce Registre, et des immenses services qu'il est appelé à rendre au Commerce et à l'Industrie, nous avons cherché une solution au problème, et établi un Livre sans précédent aucun.

Le NOUVEAU JOURNAL-GRAND-LIVRE, par sa disposition même, ainsi qu'on peut le voir d'après le *Modèle-Spécimen* à la fin de notre ouvrage, ne présente aucune des difficultés, des défectuosités ou lacunes qu'on observe chez ceux de nos devanciers. Toutes les colonnes qui le composent sont combinées dans un ordre méthodique, disposées d'une manière toute spéciale, avec points de repère suffisant pour éviter toute erreur de transfert de chiffres d'une colonne à une autre, et permettant d'apprécier du premier coup d'œil le simple mécanisme du système ; et cette disposition est telle que, si compliquées et si multipliées que soient les Affaires d'une Maison de Commerce, elle permet d'en relater les Opérations en Partie Double, de les résumer et de les centraliser, en présentant sans cesse la Position du Commerçant.

C'est bien plutôt un LIVRE D'ORDRE ET D'ADMINISTRATION qu'un REGISTRE DE COMMERCE.

2° Quant aux *défectuosités* ou *erreurs matérielles*, elles sont *matériellement* impossibles, puisque les chiffres sont constamment *contrôlés* par des ADDITIONS DOUBLES qui se contrôlent elles-mêmes.

3° À l'égard de la confusion des COMPTES PERSONNELS, ce que nous avons dit concernant les DÉBITEURS ou CLIENTS et les CRÉANCIERS ou FOURNISSEURS, la disposition spéciale se rapportant à ces Comptes, suffit pour détruire complétement tout doute et toute erreur.

4° L'objection tirée de la *perte de papier résultant de la multiplicité des colonnes* est des plus oiseuses. Cette perte trouve amplement sa compensation dans la *clarté du travail* et dans l'*économie de temps*, par la suppression au GRAND-LIVRE d'une certaine quantité de COMPTES GÉNÉRAUX et PARTICULIERS, figurant dans l'ancien système, suppression dont les explications que nous donnons ci-après, aux ABRÉVIATIONS D'ÉCRITURES, feront mieux comprendre toute la valeur.

5° Quant à l'*impossibilité, par suite de l'insuffisance des colonnes, de présenter la position exacte du Commerçant*, c'est encore là une objection spécieuse, attendu (et nous le justifions par notre *Modèle-Spécimen*) que toutes nos colonnes *combinées* suffisent amplement pour contenir et pour comprendre toutes les Opérations que fait un Commerçant, et, par conséquent, pour présenter constamment sa situation.

Cette objection est d'autant moins fondée, que tous les ACTES ou ÉCHANGES DE COMMERCE se réduisent à quatre, qui sont :

1° ACHETER ou VENDRE des MARCHANDISES ;

2° RECEVOIR ou DONNER de l'ARGENT ;

3° SOUSCRIRE ou RECEVOIR des BILLETS ;

4° GAGNER ou PERDRE sur ces mêmes OPÉRATIONS.

Or, nous le répétons encore ici : quelle que soit la multiplicité des Affaires d'une Maison de Commerce, de Banque, de Fabrique ou d'Industrie quelconque, *toutes* les Opérations qui en découlent *reposent entièrement* sur ces quatre Opérations types; et en appliquant, par ordre, sur notre JOURNAL-GRAND-LIVRE tous les Actes ou Échanges que fait un Commerçant, celui-ci aura *toujours* à sa disposition des ÉCRITURES RÉGULIÈRES et une SITUATION JOURNALIÈRE des plus *exactes*, dont on pourra toujours *reconnaître* l'IMPORTANCE et *apprécier* la VALEUR.

Le NOUVEAU JOURNAL-GRAND-LIVRE, tel que nous le présentons, avec toute sa simplicité, offre donc un *perpétuel contrôle* des Opérations commerciales, et devient ainsi un REGISTRE INDISPENSABLE, UNIQUE et INDISCUTABLE.

Nous avons dit que la Comptabilité avait une importance sociale, puisque, d'après la Loi, les Commerçants sont *obligés* à la TENUE DES LIVRES.

« La Tenue des Livres, dit M. Pradié-Fodéré dans son PRÉCIS DE DROIT COMMERCIAL, est une garantie pour la Société et pour le Commerçant lui-même. Pour la Société, en ce qu'en cas de *faillite*, il sera possible d'en reconnaître la cause au moyen de la Tenue des Livres; pour le Commerçant, en ce que la Tenue des Livres le mettra à même de connaître, *jour par jour*, l'état de ses affaires, de justifier ses demandes en justice, de repousser celles qui seraient formées contre lui. »

Rappelons ici, en quelques mots, les articles de la Loi concernant les Livres de Commerce et les pénalités que peuvent encourir les Commerçants qui négligent de s'y conformer.

L'article 8 du CODE DE COMMERCE enjoint à tout Commerçant d'avoir un LIVRE-JOURNAL, de mettre en liasse les lettres qu'il reçoit et de copier sur *un Registre* celles qu'il envoie.

L'article 9 l'oblige à faire tous les ans, sous seing-privé, un INVENTAIRE de ses Effets mobiliers et immobiliers, de ses DETTES ACTIVES et PASSIVES, et de le copier, année par année, sur *un Registre* spécial à ce destiné.

La Loi a pourvu à la Tenue fidèle et régulière des Livres en réglant leur forme légale.

C'est ainsi que, d'après l'article 10, les Livres sont tous tenus par ordre de dates, sans blanc, lacunes ni transports en marge, et que, d'après l'article 11, ils seront cotés, paraphés et visés, soit par un des Juges des Tribunaux de Commerce, soit, etc.

C'est encore ainsi que, d'après l'article 10, « le LIVRE-JOURNAL et le LIVRE DES INVENTAIRES seront DE PLUS *paraphés* et *visés* UNE FOIS PAR ANNÉE (1). »

Combien de nos Commerçants observent ces prescriptions de la Loi?

Pour beaucoup, la Comptabilité ne rapporte *rien*; le Teneur de Livres coûte de l'argent; ce qu'on lui donne *augmente* les Frais Généraux, et, par conséquent, *diminue* les Bénéfices. Il y a bien la Loi, — c'est vrai; — mais, bah! elle n'est pas aussi sévère qu'on le dit. — Puis la Tenue des Livres, c'est si difficile à apprendre et à pratiquer! il y a tant de systèmes différents, que l'on n'y comprend plus rien.

Mais s'ils étaient bien pénétrés de l'importance de cette science, ainsi que des obligations que leur impose la Loi, et surtout des tristes conséquences qui peuvent résulter de leur négligence et de leur incurie, ils ne raisonneraient pas ainsi.

---

(1) Ce dernier *visa* ne doit pas être confondu avec celui de l'article 11, lequel doit être apposé *avant qu'il soit fait usage des Livres*. Ce paragraphe a donc pour but, suivant la Loi, de faire *arrêter les Livres*, après chaque Inventaire, afin d'éviter, par ce *double visa*, toute substitution de nouveaux Registres.

L'article 586 dit que tout Commerçant failli pourra être déclaré *banqueroutier simple*, s'il n'a pas *tenu de Livres* et fait *exactement Inventaire*; si ses Livres ou Inventaires *sont incomplets* ou *irrégulièrement tenus*, ou s'ils n'offrent pas sa véritable *Situation active et passive*, SANS NÉANMOINS QU'IL Y AIT FRAUDE.

Et l'article 591 : qu'il serait déclaré *banqueroutier frauduleux*, s'il avait *soustrait ses Livres*.

Les articles 402 et suivants du CODE règlent la pénalité des deux articles précédents, qui sont l'EMPRISONNEMENT D'UN MOIS AU MOINS A DEUX ANS AU PLUS pour le *banqueroutier simple*, et la peine des TRAVAUX FORCÉS A TEMPS pour le *banqueroutier frauduleux*.

La Loi n'impose pas au Commerçant un mode de Tenue des Livres : elle lui a laissé la liberté de ce choix. Le Législateur a pensé sans doute que la Comptabilité ne pouvait être soumise, comme le Droit, à des règles fixes et invariables.

A notre avis, c'est une erreur.

La Tenue des Livres est une science positive, mathématique, qui, comme le Droit, a ses lois et ne doit pas être soumise à la fantaisie de chacun.

Il fallait trouver une base établissant *un seul type*, fixant d'une manière générale, irrévocable, les règles, les lois de la Comptabilité; il fallait annuler tous les systèmes reconnus défectueux, impraticables. C'est ce que nous avons fait en créant le NOUVEAU JOURNAL-GRAND-LIVRE.

On voit, par ce qui précède :

Combien la Comptabilité acquiert de valeur en présence de ces obligations impératives de la Loi, et combien doit être simple et facile son mode d'application;

Combien le Législateur a tenu à réprimer l'inobservation des articles 8, 9, 10, 11 du CODE DE COMMERCE;

Combien il s'est montré sévère envers le Commerçant qui ne *tient pas régulièrement ses Livres*, puisqu'il n'a pas craint de le flétrir du nom de BANQUEROUTIER, et, par conséquent, de le rayer de la Société, puisque tout banqueroutier peut être *déchu de ses droits civils et politiques*, d'après les articles 34 et 42 du CODE PÉNAL, et que l'*entrée de la Bourse lui est interdite*.

Il fallait aussi punir par des peines redoutables ces spéculations honteuses, au moyen desquelles des hommes, qui déshonorent la profession de Commerçant, cherchent à fonder leur fortune sur la ruine d'une foule de familles.

Les anciennes Lois, plus terribles encore, prononçaient la *peine de mort* contre les *banqueroutiers frauduleux* (ORDONNANCES de 1609 sous Henri IV, et de 1763 sous Louis XIII).

Que désormais la Tenue des Livres devienne une loi pour le Commerçant, comme le Législateur lui en impose l'obligation, comme sa conscience lui en fait un devoir; — qu'il la pratique suivant les règles, afin de s'éviter, dans une situation malheureuse, les rigueurs de la Loi, et qu'on ne voie plus un Commerçant négligent ou inhabile figurer parmi les criminels des bagnes ou des prisons.

Un Commerçant honnête, avec des *Écritures à jour*, peut toujours s'arrêter à temps.

Rappelons-lui, et il le sait aussi bien que nous, que si le CRÉDIT est l'âme du Commerce, c'est que le Crédit n'existe que d'après la CONFIANCE, et que la Confiance repose entièrement sur la *régularité des Écritures*;

Que ses intérêts se trouvent liés à d'autres intérêts; que son capital n'appartient pas à lui seul; qu'il en doit compte à la Société, et que sa ruine peut avoir pour conséquences une série de désastres pour d'autres;

Que sa négligence et son incurie le conduisent fatalement à la *faillite*; que, de celle-ci à la *banqueroute*, il n'y a qu'un pas, et que la Société et les Tribunaux lui feront payer chèrement son insouciance et ses infractions à la Loi.

Prouvons-lui que, par un moyen simple, facile, il peut chaque jour se rendre un compte exact de sa Situation, ce qui le met à même de surveiller et vérifier les Écritures de son Teneur de Livres.

Persuadons-le qu'avec des *Écritures en retard*, il y a *toujours* erreur; avec des *Écritures à jour*, JAMAIS!

Affirmons-lui que le Commerçant qui sait chaque jour sa position, possède déjà un *Capital précieux* : l'ORDRE, qui engendre l'ÉCONOMIE, laquelle conduit à la FORTUNE; tandis que le contraire amène la MISÈRE, souvent le MÉPRIS et *toujours* les SÉVÉRITÉS DE LA LOI.

Disons-lui, histoire en main :

Que l'origine du Commerce remonte aux agglomérations d'hommes, et que les annales de tous les peuples de l'antiquité nous montrent les individus et les nations faisant mutuellement l'échange de leurs produits;

Que le Commerce est le levier de la civilisation ;

Que la prospérité commerciale et la prospérité industrielle d'une nation se lient intimement l'une à l'autre, et que le Commerce et l'Industrie sont les richesses des États;

Que c'est au Commerce que les fameuses Républiques de Venise, de Gênes, de Pise, de Florence durent leur célébrité, leur accroissement et leur éclat; et que, si les Hollandais acquirent de si grandes richesses dans les derniers siècles, ce ne fut que grâce à leur immense commerce dans les Indes;

Que plusieurs savants ont su allier le Commerce à l'Étude, et que plusieurs philosophes même furent marchands; c'est ainsi que *Solon, Thalès, Hippocrate, Platon, Démocrite, Socrate*, etc., c'est-à-dire tout ce que la Grèce eut de distingué par l'esprit et par l'érudition, exercèrent le commerce;

Que *Sully* sous Louis XIII, *Colbert* sous Louis XIV et *Turgot* sous Louis XVI, comme Surintendants des Finances (Ministres du Commerce), le firent fleurir et lui donnèrent une grande impulsion;

Que les Édits de Louis XIII et de Louis XIV déclarent les marchands en gros capables d'être revêtus de charges de secrétaires du Roi, ce qui donnait la noblesse;

Qu'on sait reconnaître et apprécier actuellement dans toutes les nations l'intelligence, la capacité et l'honorabilité du Commerçant, en lui décernant dans les Expositions nationales et étrangères des récompenses et des décorations, en l'appelant à des fonctions publiques et en lui octroyant des dignités justement méritées;

Que c'est ainsi que, de nos jours, les Denière, les Varin, les Louvet, les Daguin et tant d'autres dont les noms nous échappent, en occupant les fonctions éminentes de magistrats consulaires, de conseillers généraux et même de députés, ont acquis par leur intelligence, leur honorabilité et leur renommée de véritables titres de noblesse ;

Qu'enfin, la Tenue de Livres, si simple dans son application, exige des connaissances spéciales au point de vue de la Comptabilité; que c'est ainsi que la calligraphie, la grammaire, la législation, la géographie, le calcul, l'histoire naturelle, la philologie, la mécanique, la technologie et la statistique même sont autant de sciences indispensables à connaître pour faire un bon Comptable ou un parfait Négociant.

Mais, nous objectera-t-on, puisque jusqu'ici on a fait des opérations de commerce et qu'on les a relatées sur des Livres, on a pratiqué de la Comptabilité par des Méthodes quelconques. Pourquoi vouloir nous imposer votre mode de préférence à tout autre ?

Nous répondons :

Vous avez appliqué vos Opérations commerciales sur vos Registres ; vous avez dressé des Balances, établi des Inventaires, présenté des Situations, *fabriqué* des Bilans. Mais que de difficultés n'avez-vous pas éprouvées avant d'en arriver là, combien d'ennuis n'avez-vous pas eus ? Que de tâtonnements inutiles, que de temps perdu ! sans compter, et c'est là le plus triste, bon nombre d'opérations *faussement passées*, *d'erreurs à rectifier*, *d'Inventaires inexacts*, *de contestations survenues*, *de procès engagés et souvent perdus*, *de faillites déclarées par le retard apporté dans la confection des Bilans et qu'on eût pu empêcher*, *de détournements commis*, *d'escroqueries faites*, *de fraudes et de vols connus et inconnus*, et tout cela pour un vice d'écritures, un défaut de régularité, un manque d'ordre dans l'application de vos Opérations. Tandis que par une légère modification, que le bon sens et la simple logique devaient forcément conduire à faire, nous présentons, au moyen du Nouveau Journal-Grand-Livre, un mode unique d'application, contrôlant chacune des opérations, et offrant constamment des Situations exactes, des Inventaires sérieux et des Bilans corrects.

Mais, me direz-vous encore, quelle que soit la valeur de votre mode de Tenue de Livres, cela n'empêchera pas l'homme de mauvaise foi de falsifier les Écritures, de commettre des fraudes, des détournements, qu'il vous sera impossible de vérifier.

C'est encore là une erreur.

Notre but, en créant le Nouveau Journal-Grand-Livre, a été non-seulement de faire connaître un moyen simple d'appliquer les Opérations commerciales et de faire comprendre *pratiquement* la Comptabilité, mais encore de mettre à même un Négociant de découvrir DE SUITE une fraude ou un détournement.

De plus, nous possédons un moyen sûr et *secret* de vérification que nous avons bien souvent mis en pratique et qui ne laisse aucun doute à cet égard.

Nous disons encore au Commerçant :

Essayez de notre Méthode ; lorsque vous aurez passé quelques Opérations sur le Nouveau Journal-Grand-Livre, vous apprécierez de suite sa valeur ; — vous prendrez goût à la Comptabilité ; vous la pratiquerez avec fruit, car vous comprendrez alors toute son importance, les services qu'elle est appelée à vous rendre, le crédit qu'elle peut vous faire avoir, les lumières qu'elle peut vous donner, vos intérêts sauvegardés, les garanties qu'elle peut vous offrir pour votre tranquillité et votre sécurité, et, pardessus tout, l'honneur commercial qu'elle *peut* et qu'elle *doit* vous conserver.

Nous avons fait notre devoir en vous mettant à même d'appliquer facilement vos Opérations commerciales sur des Livres ; à votre tour, faites le vôtre en *pratiquant* la Comptabilité.

Parmi les divers auteurs de Traités de Tenue de Livres qui ont rejeté le Journal-Grand-Livre, et même les *Additions* et les *Opérations en Partie Double*, figurent des noms bien connus : MM. Deplanque, Monginot, Vannier et Poitrat.

Comme ces auteurs ont toujours passé pour des maîtres, qu'il nous soit permis, sans critiquer aucunement l'ensemble de leurs ouvrages, de discuter les raisons données par chacun d'eux pour le rejeter.

Deplanque. — M. Deplanque, dans son Traité de Tenue des Livres, page 479 : *De la Tenue des Livres par un seul Registre dit* : Journal-Grand-Livre, explique que :

« Tel était le titre sous lequel on annonçait, il y a de cela déjà bien longtemps, cette « manière de disposer les écritures en Journal et en Grand-Livre. Elle *abrégeait con-* « *sidérablement*, disait-on, le temps nécessaire pour faire les écritures, et *chaque page* « *de ce* Journal-Grand-Livre *se balançait une à une, le risque des erreurs disparaissait,* « *et, lorsque venait l'Inventaire, le travail était réduit à rien* ; enfin, un négociant « pouvait, avec ce Livre, savoir en quelque sorte, *jour par jour, heure par heure,* « quelle était sa position.

« Tout cela était *spécieux, il y avait même du vrai.* Les chances *d'erreurs de plume* « étaient réduites à rien. Mais le temps nécessaire pour faire les écritures se trouvait « rarement abrégé, et la prétention de donner à chaque instant la position du négociant « ne signifie rien, parce que cette position ne peut être calculée que d'une manière « approchée de la vérité, la *liquidation seule* pouvant déterminer la véritable position.

« Le grand vice de ce Journal-Grand-Livre vient précisément d'une sixième colonne « intitulée : *Comptes-Courants.* On comprend que tous ces comptes (*Débiteurs et Cré-* « *diteurs)* s'y trouvent confondus...

« Cependant, ajoute M. Deplanque, cette forme peut être utile pour les personnes « qui ont peu ou point de comptes à ouvrir à des correspondants, comme les marchands « *qui vendent au comptant*, les maîtres de pension, etc. »

M. Deplanque, dont on ne peut contester la valeur, a très bien signalé les défauts, le grand vice du Journal-Grand-Livre, tel qu'on l'a pratiqué jusqu'ici ; mais il n'a pas cherché à y remédier.

Cependant, c'était bien simple : quelques colonnes combinées, et le problème était résolu. Car, si les Livres sont le réceptacle des Opérations d'un Commerçant, il faut qu'ils puissent présenter à première vue la marche progressive et suivie de ces mêmes Opérations ; il faut qu'ils puissent, à la première inspection, au premier coup d'œil, donner la position exacte.

En groupant, sous le titre général de : *Divers, Comptes Courants* ou *Comptes Per-* *sonnels*, tous les comptes *Débiteurs* et *Créditeurs*, c'est-à-dire les Clients et les Four- nisseurs, etc., on a amené nécessairement une confusion dans ces comptes, puisque la colonne à eux destinée ne pouvait spécialiser et distinguer la valeur réelle de ceux qui *doivent* et de ceux auxquels *il est dû.*

Pour éviter cette faute, commise par nos prédécesseurs, nous avons ouvert une colonne spéciale de *Divers Débiteurs* ou Clients, et une colonne spéciale de *Divers Créditeurs* ou Fournisseurs. De cette façon, aucune erreur ne peut être commise, chacune de nos colonnes présentant constamment le montant de ce *qu'on doit* et de ce *qui est dû.*

Monginot. — M. Monginot, dans ses Nouvelles Études sur la Comptabilité, chapitre IV, page 137 : *Exposé critique du* Journal-Grand-Livre, dit :

« Nous avons indiqué l'existence d'un registre : Journal-Grand-Livre, qui a été
« adopté par certains commerçants comme un progrès dans la Comptabilité, et nous nous
« étions réservé d'en parler explicitement à un moment plus opportun. Nos lecteurs
« sont maintenant en état de bien comprendre le bref exposé que nous allons faire de
« cette réforme, *qui n'a pas réalisé*, comme nous le prouverons, les avantages qu'on
« s'était promis.

« En créant ce registre, on se proposait un double but : 1° celui d'avoir sous les
« yeux, et en regard des opérations successivement inscrites au Journal, le tableau,
« avec distinction de nature, tant des chiffres pour lesquels les valeurs étaient *entrées*
« et *sorties* que des *Bénéfices* et des *Pertes*; 2° celui d'économiser au Grand-Livre des
« chiffres de ce même mouvement de valeurs. Les entrées et les sorties de valeurs se
« rattachant le plus souvent à des opérations de Crédit, il fallait, pour que le tableau
« fût complet, y insérer des chiffres de cette nature d'opération, c'est-à-dire les *Comptes*
« *ouverts aux Personnes*. Mais on sentit bien qu'il serait matériellement impossible
« d'ouvrir autant de colonnes pour ces opérations que de *Comptes Personnels* s'y rap-
« portant. Il fallut donc se résigner à les grouper dans une même colonne, sauf à laisser
« subsister le Grand-Livre ordinaire pour l'établissement de chacun de ces comptes.
« La nécessité de restreindre le nombre des colonnes *conduisit même à fondre*, dans
« la colonne des *Comptes Personnels*, les chiffres de toutes les valeurs autres que celles
« de *Caisse*, de *Marchandises*, d'*Effets à recevoir* et d'*Effets à payer*, formant, avec
« les *Profits et Pertes* et les *Comptes Personnels*, les six divisions que l'on adopta en
« définitive pour le tableau. »

Après la description qu'il fait du registre, M. Monginot ajoute :

« Ce système est nécessairement une amélioration, puisqu'il a le double avantage de
« *procurer un état synoptique et continu du mouvement tant des Valeurs que des Profits*
« *et Pertes*, et de dispenser des Balances, ainsi que du pointage, des comptes ouverts
« au Grand-Livre ; mais il n'a *pas paré à la majeure partie des défectuosités*. »

Pas plus que M. Deplanque, M. Monginot, dont le nom jouit d'une légitime autorité, n'a vu d'où provenait la cause qui lui faisait rejeter le Journal-Grand-Livre. Il en a très bien fait remarquer les défauts, mais sans y porter remède.

Cependant, et comme le dit fort bien M. Monginot (page 140 de son ouvrage) : « Il
« fallait donc faire de nouvelles études pour découvrir une *Méthode* qui fût à *l'abri de*
« *tout reproche.* »

Ces études, nous les avons faites, et nous ne craignons pas de dire ici que le Nouveau Journal-Grand-Livre est *à l'abri de tout reproche.*

Vannier. — Il y a déjà un certain temps que feu notre ami Pigier, praticien des plus recommandables, a fait paraître un livre critique sur la Comptabilité, réfutant les ouvrages de MM. Monginot et Vannier. Sans entrer dans aucun détail sur le mérite des critiques de Pigier, contentons-nous de mettre sous les yeux de nos lecteurs ce que dit M. Vannier, rien que pour le Journal, concernant les *additions*.

Dans son Traité de Tenue des Livres (édition de 1866), *Comptabilité de troisième année*, page 38, *De l'Addition du Journal*, M. Vannier s'exprime ainsi :

« *Doit-on additionner le Journal ?* Il faut *une certaine hardiesse* pour aborder un « pareil chapitre avec *la résolution bien arrêtée de se prononcer* NÉGATIVEMENT, car *tous* « *les auteurs de systèmes de Tenue des Livres* s'accordent à dire QUE L'ADDITION DU « JOURNAL EST INDISPENSABLE.

« D'autres démontrent sans peine que *l'addition du Journal peut fournir un moyen* « de CONTRÔLE *pour les Balances de vérification.* En *théorie,* OUI ; en *pratique,* NON !...

« *Pour tout homme sérieux qui entend les affaires et la Comptabilité,* il n'y a AUCUNE « RAISON PRATIQUE D'ADDITIONNER LE JOURNAL. »

Où M. Vannier a-t-il vu des *Écritures* qui s'opposent à ce contrôle ? Dans son système sans doute.

Mais c'est justement par *l'addition,* ce contrôle nécessaire, *indispensable,* que le commerçant peut apprécier, *affirmer la régularité* de ses Opérations et *la valeur de ses Comptes.* Notre JOURNAL-GRAND-LIVRE donnant *constamment* la Situation exacte du Commerçant, avec contrôle continuel des Opérations PAR LES ADDITIONS, offre donc la sécurité, qui est le but de la législation spéciale de la Comptabilité.

POITRAT. — M. Poitrat, dans ses OBSERVATIONS IMPORTANTES, critique fortement le système de Comptabilité en *Partie Double* et le rejette complétement. Il prétend que ce système « *d'un mystérieux* mécanisme, est *défectueux*; que la *Partie Double* n'est autre chose que la *Partie Simple,* ÉCRITE EN DOUBLE INUTILEMENT sur le *Journal*; qu'*elle laisse ignorer* SEPT *sortes d'erreurs sur* DIX, et que *les Balances sont toujours fausses.*»

Nous pourrions réfuter facilement ces critiques, en tous points mal fondées. Il nous suffira de constater ici, une fois de plus, tout ce que *l'ingénieux* mécanisme de la *Partie Double,* inventée par LEMOINE-FRANÇOIS DELLA PIETRA, d'origine italienne, offre de *simplicité,* de *clarté* et de *sécurité*; c'est une vérité devenue évidente, et qui n'a plus besoin de démonstration. La *Partie Double* a sa DOUBLE raison d'être : *c'est et ce sera toujours le seul mode de Tenue des Livres à employer*; le seul mode qui puisse justifier, *par son contrôle perpétuel,* de la valeur *réelle* des Opérations commerciales.

Mais il manquait à l'œuvre de Lemoine un Livre qui centralisât les Opérations passées en Partie Double; un Livre qui, SANS BALANCE AUCUNE, *par le simple contrôle d'additions,* donnât la position *exacte* de ces mêmes Opérations, et présentât en même temps la SITUATION ACTIVE ET PASSIVE du Commerçant.

Le NOUVEAU JOURNAL-GRAND-LIVRE a comblé cette lacune, et aujourd'hui *nous pouvons affirmer que le problème de la Comptabilité simple et infaillible est résolu.*

Quant à la valeur de la Méthode autodidactique de M. Poitrat, dont la première édition date de 1833, il résulte des explications fournies par l'auteur lui-même, dans son ouvrage, que tout son système de Tenue de Livres repose sur une série de Registres et Balances disposés à sa manière, et dont voici l'énumération :

1° Un *Livre de Vente* .... disposition spéciale		
2° Un *Livre de Caisse*	Idem	compliquée
3° Un *Grand-Livre*	Idem	
4° Un *Livre-Journal*	Idem	
5° Un *Petit-Livre de Balances partielles et mensuelles.*	Idem	très-compliquée
6° Un *Livre-Résumé des Balances partielles*	Idem	Idem ....
7° Un *Livre-Résumé des Balances mensuelles et générales.*	Idem	Idem .....
8° Un *Livre de la Liquidation du Grand-Livre,* nommée FEUILLE-BALANCE	Idem	Idem .....

C'est avec ce léger bagage de Livres que M. Poitrat établit avec *simplicité* son système de Comptabilité.

Mais tous ces registres sont aussi dispendieux qu'inutiles, — exigent une attention des plus soutenues pour éviter toute erreur de chiffre, — répètent *doublement* les Opérations, et ne font qu'embarrasser l'élève et le praticien.

Puis la MÉTHODE FRANÇAISE (Poitrat) est une méthode *d'application spéciale*, qui exige des *Comptables spéciaux*; de sorte que, si un Comptable vient à quitter la maison où on *pratique* le système Poitrat, le ressort ingénieux de cette machine n'agit plus, et la maison se trouve dans le plus grand embarras. Aussi, malgré tous les efforts qu'a faits M. Poitrat pour populariser son enseignement, sa méthode s'est trouvée circonscrite à quelques maisons du quartier des Lombards et de la rue Saint-Denis.

Avec notre JOURNAL-GRAND-LIVRE, SEUL, qui n'exige de la part du Teneur de Livres que les connaissances générales de la Comptabilité, et qui permet à chacun, si étranger qu'on soit à cette science, d'en vérifier *les Écritures*, nous présentons de la manière la plus *simple* et la plus *exacte*, — conformément à la loi, — chaque opération passée en *Partie Double*; et, *sans l'emploi d'aucune* BALANCE, nous donnons *constamment*, LA POSITION du Commerçant.

Comme conclusion de son ouvrage, M. Poitrat dit :

« Que le plus grand service que le Gouvernement pourrait rendre aujourd'hui au
« commerce serait de *prescrire un seul mode de Comptabilité*, tel *qu'on l'a fait pour*
« *les poids et mesures*, et ce moyen d'atteindre facilement ce but ne présenterait aucune
« difficulté : il suffirait seulement de nommer des arbitres, hommes de progrès, sans
« méthodes, sans routine et d'une connaissance approfondie dans les divers systèmes
« de Comptabilité; ces arbitres rechercheraient la Tenue des Livres qui a le plus de
« réputation jusqu'à ce jour, et ils proposeraient à tous les auteurs des divers systèmes
« de Comptabilité de traduire, chacun par sa méthode, l'ouvrage qui leur serait désigné. Par ce moyen, ces arbitres nommés pourraient, à l'aide de chaque auteur, qui
« donnerait l'explication de sa méthode, si elle ne leur était pas connue, désigner le
« système *le plus simple, le plus clair, le plus exempt d'erreur*. C'est alors qu'il n'y
« aurait plus *qu'une seule et même méthode* dans le commerce; les Teneurs de Livres
« n'auraient plus de *nouvelles études* à faire lorsqu'ils entreraient dans de *nouvelles*
« *maisons*, et CE SEUL SYSTÈME PRESCRIT se transmettrait de famille en famille, de *com-*
« *merçant à commerçant*; tout le monde se comprendrait, *la confiance deviendrait plus*
« *grande, les erreurs ne seraient pas aussi communes et la fraude disparaîtrait par la*
« CLARTÉ *des écritures et des chiffres.* »

Nous sommes heureux d'avoir été devancé par M. Poitrat dans l'opinion que nous avons toujours eue : celle de n'employer, pour l'application des Opérations commerciales, qu'une méthode uniforme, fondée sur le raisonnement et basée sur l'expérience.

Le NOUVEAU JOURNAL-GRAND-LIVRE, si simple, si facile, accessible à toutes les intelligences, et pouvant s'appliquer, comme nous l'avons déjà dit, A TOUS LES GENRES DE COMMERCE OU D'INDUSTRIE, quels qu'en soient L'OBJET, L'IMPORTANCE OU L'ÉTENDUE, offre la réalisation des vœux de M. Poitrat.

Nous acceptons de grand cœur, et nous provoquerons même le concours d'hommes sérieux et compétents, pour arriver à cet important résultat.

Nous avons dit que le Nouveau Journal-Grand-Livre *évite* les *erreurs*, — *abrége* de beaucoup les *Écritures*, — *supprime* les interminables *Balances* et le *Pointage*; — *rend* inutile le *Livre des Inventaires*, tout en *respectant* l'Inventaire lui-même; — *diminue* le nombre des *Faillites* et *annule* de fait la *Banqueroute simple*.

Expliquons chacune de ces affirmations :

Le Journal-Grand-Livre :

1° Évite les erreurs. — Les colonnes du Journal devant être *additionnées, balancées* à chaque folio, il est *impossible qu'une erreur de chiffre* ne soit pas immédiatement reconnue. Quant aux omissions, doubles emplois, etc., qui peuvent se glisser au Journal dans la passation des articles, nous avons déjà expliqué (page 23), les moyens de les réparer.

2° Abrège de beaucoup les écritures. — Dans la pratique ordinaire, pour reporter les Opérations des Comptes Généraux et Particuliers du Journal au Grand-Livre, il faut *ouvrir, feuilleter, fermer* et *rouvrir* constamment ledit Grand-Livre et son Répertoire, ce qui occasionne une perte de temps considérable et exige une attention soutenue, malgré laquelle il se glisse souvent des erreurs, qu'il n'est pas toujours facile de reconnaître, même à l'Inventaire.

Notre Nouveau Journal-Grand-Livre, en supprimant une grande partie de ce pénible travail, économise un temps précieux, tout en donnant des Écritures d'une extrême clarté, d'une compréhension facile et surtout d'une exactitude de chiffres rigoureuse et forcée.

3° Supprime les interminables Balances et le Pointage. — D'après l'ancien système, les erreurs d'*additions* ou de *comptes*, reportées de page en page, se trouvent multipliées à l'infini, et on passe souvent un temps considérable à *pointer* et à *repointer* pour remonter à des chiffres erronés, que quelquefois même on ne retrouve pas.

D'après notre Journal-Grand-Livre, les *Totaux* des colonnes étant *balancés* et *contrôlés* à chaque folio, on arrive à l'Inventaire avec la certitude de n'avoir *aucune erreur de chiffre à rechercher*, — ce qui rend le *Pointage inutile*. Il n'y a plus qu'à passer les quelques opérations des comptes qui donnent les *Bénéfices* ou les *Pertes*, et à *solder* les chiffres des différentes colonnes pour obtenir la *Situation Active* et *Passive* du Commerçant, parfaitement établie, sans être obligé de recourir aux *diverses Balances en usage*.

4° Rend inutile le Livre des Inventaires, tout en respectant l'Inventaire lui-même. — Notre Journal-Grand-Livre, comprenant à chaque Inventaire, comme balances, tous les *Soldes Débiteurs* et *Créditeurs*, c'est-à-dire l'Actif et le Passif, donne exactement l'*Inventaire exigé par la loi*.

Le Livre des Inventaires, sauf les détails qui sont à part, devient parfaitement inutile, puisque d'un côté, d'après l'article 10 du Code de Commerce, « le Livre doit être « coté, paraphé et visé une fois par année; » et que, d'un autre côté, la loi, n'exigeant des Sociétés Commerciales qu'un résumé de l'Inventaire, ne peut demander davantage au simple Commerçant; d'autant plus qu'à chaque clôture annuelle des Opérations, celui-ci attestera la régularité de ses Écritures, en les certifiant sincères et véritables, et en y apposant sa signature avec la date de leur clôture.

5° Diminue le nombre des faillites. — C'est un fait acquis que la plus grande partie des faillites, pour les Commerçants honnêtes, seraient évitées, s'ils pouvaient, au début de leur gêne, présenter à leurs créanciers la Situation exacte de leurs affaires. Ceux-ci, dans leur propre intérêt, non-seulement ne poursuivraient pas, mais encore empêcheraient le dépôt du Bilan.

Avec notre système, le Commerçant, dès qu'il se voit embarrassé, et sans avoir besoin d'*aucun travail préparatoire ni supplémentaire*, n'aura qu'à *ouvrir* son Journal-Grand-Livre pour éclairer ses créanciers sur sa position, et obtiendra d'eux, dans le plus grand nombre de cas, termes et délais.

6° Annule de fait la Banqueroute simple. — Le paragraphe 6 de l'art. 586 du Code de Commerce dit :

« Le Commerçant pourra être déclaré *Banqueroutier simple, s'il n'a pas tenu de* « *Livres et fait exactement Inventaires*; — si, *les Livres ou Inventaires sont incomplets* « *ou irrégulièrement tenus,* ou s'ils n'offrent pas sa *véritable situation active et passive,* « *sans néanmoins qu'il y ait fraude.* »

Notre Journal-Grand-Livre, offrant toujours des Écritures régulières et la position exacte du Commerçant, détruit complétement l'effet de ce paragraphe et annule de fait la Banqueroute simple.

Et maintenant que nous avons donné toutes les explications suffisantes ; que nous avons répondu aux diverses objections qui pourraient nous être adressées ; qu'aucun doute ne peut s'élever à l'égard de notre mode de Comptabilité, nous allons exposer les quelques *Notions préliminaires* indispensables, puis nous passerons à l'étude théorique et pratique du Nouveau Journal-Grand-Livre.

CORNET - BICHAT.

NOTA. — Le Nouveau Journal-Grand-Livre, qui supprime au Grand-Livre ordinaire tous les *Comptes généraux*, ainsi que les Comptes de *Capital, Matériel, Meubles* et *Immeubles*, et qui établit constamment, sans recourir aux Balances, la situation exacte de ces comptes, ainsi que celle des *Débiteurs* (Clients, etc.) et celle des *Créditeurs* (Fournisseurs, etc.), *ne supprime nullement* les Livres auxiliaires qui, par le détail de leurs opérations, sont à l'analyse ce que notre Journal-Grand-Livre, qui centralise, est à la synthèse.

NOTIONS PRÉLIMINAIRES

De la Tenue des Livres.

La TENUE DES LIVRES est l'art de rendre fidèlement compte des *Opérations* (1) de toute nature que fait chaque Commerçant, et cela, au moyen de divers *Livres* ou *Registres*, appelés, pour cette raison, LIVRES DE COMMERCE; le tout conformément à la *Loi*.

Son Objet.

Inscrire régulièrement, jour par jour, les Opérations de son Commerce est non-seulement le résultat de la TENUE DES LIVRES, mais encore reconnaître individuellement la situation de ses DETTES (2) PASSIVES (3) et ACTIVES (4), ses BÉNÉFICES et ses PERTES, etc.; en un mot, tout ce que l'on *possède* et tout ce que l'on *doit*.

Tel est son Objet.

Définition de la Partie Double.

On l'appelle PARTIE DOUBLE à cause des COMPTES GÉNÉRAUX *(voir le Spécimen)* qu'elle représente, et qui donnent la BALANCE du DOIT et AVOIR; c'est donc dire que, quand on *passe Écriture* d'un Article à l'un de ces Comptes, on y *débite* et on y *crédite* en même temps cet article, et que, par conséquent, chaque *article* pour lequel on *passe Écriture* présente simultanément un nom DÉBITEUR et un nom CRÉDITEUR.

La PARTIE DOUBLE, indiquant toujours le Compte *débité* et le Compte *crédité*, offre, pour le Teneur de Livres comme pour le Commerçant, la sécurité la plus complète. Avec elle, pas d'*erreur* possible, le CONTRÔLE ou DOUBLE RAPPORT étant là, exerçant une surveillance continuelle de *Comparaison* de la plus rigoureuse exactitude; de plus, elle donne à tout Commerçant qui l'observe la faculté de connaître *instantanément*, pour ainsi dire, le chiffre exact de ses affaires.

Conséquemment, d'après ce qui précède, tout *Article* passé au JOURNAL est reporté *doublement* au GRAND-LIVRE, c'est-à-dire y constitue en même temps un COMPTE DÉBITEUR et un COMPTE CRÉDITEUR, dont le SOLDE, semblablement, est toujours égal.

---

(1) Opérations. (*Voir* page 24)

(2) On appelle DETTE ou CRÉANCE l'emprunt que fait une personne à une autre, soit d'argent, soit de toute autre valeur. Les DETTES d'un Commerçant se composent des sommes qui lui sont *dues* : elles s'appellent ACTIVES; et de celles qu'il *doit* : elles se nomment PASSIVES.

(3) Les DETTES PASSIVES sont donc celles que nous DEVONS, et par conséquent que nous avons à PAYER.

(4) Les DETTES ACTIVES sont donc celles que l'on nous DOIT, et par conséquent que nous avons à RECEVOIR.

Manière de passer les Écritures en Partie Double.

Pour *passer les Écritures* en PARTIE DOUBLE, il faut s'appliquer à bien distinguer le DÉBIT du CRÉDIT, et réciproquement le CRÉDIT du DÉBIT.

Exemple : CAISSE à MARCHANDISES.
(DÉBIT)   (CRÉDIT)

Il existe un moyen mécanique pour reconnaître un COMPTE DÉBITEUR d'un COMPTE CRÉDITEUR : il suffit tout simplement d'éluder les Articles quelconques au moyen de l'une des questions suivantes :

Qui a donné ? — Qui a reçu ? — Qui doit ? — Qui a payé ? — Qui est débiteur ? — Qui est créditeur ?

Et, d'après ce, on *débite* et on *crédite* suivant l'objet.

En PARTIE DOUBLE, dans la transcription des Articles du BROUILLARD au JOURNAL, les mots DOIT et AVOIR se trouvent totalement supprimés, ellipsés et remplacés par la préposition A, qui lie le COMPTE DÉBITEUR au COMPTE CRÉDITEUR. — Ces mots sont donc toujours sous-entendus.

Exemple : CAISSE A MARCHANDISES est pour DOIT *CAISSE au Compte de MARCHANDISES.*

C'est donc toujours par le DÉBIT que s'ouvrent au JOURNAL les *Opérations* ou *Échanges de Commerce.*

De la valeur des mots DOIT et AVOIR.

La grande difficulté dans la TENUE DES LIVRES, soit en PARTIE DOUBLE, soit en PARTIE SIMPLE, c'est de savoir reconnaître la *valeur des mots* DOIT et AVOIR, que bien des personnes confondent.

Les mots DOIT ou DÉBIT et AVOIR ou CRÉDIT représentent génériquement toutes les OPÉRATIONS DE COMMERCE.

RÈGLE GÉNÉRALE. — Tout Compte qui *reçoit* (MAIN GAUCHE) DOIT à celui qui *donne* (MAIN DROITE), ou tout ce qui *entre* DOIT à ce qui *sort.* Conséquemment :

On appelle DÉBITEUR celui qui *reçoit.*	On appelle CRÉDITEUR celui qui *donne.*
Le DÉBITEUR est donc celui qui *doit* ou qui a à *payer.*	Le CRÉDITEUR ou CRÉANCIER est donc celui à qui l'on *doit* ou qui a à *recevoir.*

Donc, relativement aux COMPTES GÉNÉRAUX et PARTICULIERS :

Tout Compte qui *reçoit* est DÉBITEUR, et s'inscrit au DÉBIT ou MAIN GAUCHE du GRAND-LIVRE.	Tout Compte qui *donne* est CRÉDITEUR et s'inscrit au CRÉDIT ou MAIN DROITE du GRAND-LIVRE.

Donc encore :

Toute ENTRÉE de MARCHANDISES que nous *achetons,* d'ESPÈCES que nous *recevons,* d'EFFETS A RECEVOIR qu'on nous donne en *paiement,* d'EFFETS A PAYER que nous *acquittons,* de MOBILIER ou d'IMMEUBLES que nous *achetons* et de PERTES ou FRAIS GÉNÉRAUX provenant des *Escomptes, Rabais et Frais divers* que nous *faisons, constitue* un DÉBIT.	Toute SORTIE de MARCHANDISES que nous *vendons,* d'ESPÈCES que nous *donnons,* d'EFFETS A RECEVOIR que nous *encaissons* ou que nous *donnons en paiement,* d'EFFETS A PAYER que nous *souscrivons,* de MOBILIER ou d'IMMEUBLES que nous *vendons* et de PROFITS provenant des *Escomptes, Rabais,* etc., etc., que l'on nous *fait, constitue* un CRÉDIT.
Donc les mots DOIT, CRÉDIT ou ENTRÉE, etc., sont synonymes du mot PASSIF.	Donc les mots AVOIR, CRÉDIT ou SORTIE, etc., sont synonymes du mot ACTIF.

DU JOURNAL

Définition.

Ce Livre, base de toute Comptabilité, est essentiellement *obligatoire* : le *Code de Commerce* le dit formellement à l'article 8, ainsi conçu :

« Art. 8. — Tout Commerçant est tenu d'avoir un Livre-Journal qui présente jour par jour ses « Dettes actives et passives, les Opérations de son Commerce, ses Négociations, Acceptations ou « Endossements d'Effets, et généralement tout ce qu'il reçoit et paie, à quelque titre que ce soit, et « qui énonce mois par mois les sommes employées à la dépense de sa maison ; le tout, indépendam-« ment des autres Livres usités dans le Commerce, mais qui ne sont pas indispensables. »

Le Journal n'est qu'une copie du Brouillard, mais beaucoup plus régulièrement tenu sous le rapport de la mise au net, et qui, d'après l'article 10 du *Code de Commerce*, « sera tenu par *ordre de dates, sans blancs, lacunes ni transports en marge.* »

Il demande, comme on le voit, beaucoup de soins, afin d'éviter les *erreurs* ou *omissions* qui pourraient s'être glissées au Brouillard, ou qui pourraient se commettre dans la *Passation des Articles* au Journal.

Des Erreurs qui pourraient se glisser au Journal et des moyens de les réparer.

Les *erreurs* ou *omissions* qui peuvent se glisser ou se commettre dans la passation des articles au Journal, et qu'on peut réparer, sont :

1° *De porter une somme pour une autre ;*
On répare cette erreur par un second Article, de manière à rétablir les choses dans l'ordre.

Exemple : J'ai *vendu* à Paul pour 800 fr., mais je ne le *débite* que de 600 fr. ; aussitôt que je reconnais cette erreur, je la rectifie en *débitant* de nouveau Paul de 200 fr., et en motivant le fait de l'erreur.

2° *De débiter un Compte pour un autre ;*
On *crédite* le Compte indûment *débité* par le Débit de celui qui devait l'être ; si, au contraire, on l'a *crédité*, on le *débite* par le Crédit du véritable Créditeur.

Exemple : J'ai *débité* Paul à la place de Pierre. J'annule ce Débit en *créditant* Paul et en *débitant* Pierre.

3° *D'oublier un Article* à la Main-Courante ou Brouillard ;
On rétablit cette omission en passant Écriture de cet Article avec inscription de sa date véritable.

Exemple : J'ai omis un Débit du 20, et nous sommes au 30. Je rétablis cette omission en disant : Doit, etc…, *pour omission à telle date*, etc.

4° *De porter un Article deux fois ;*

Dans ce cas, il faut passer un troisième Article qui détruise l'effet de l'un des deux, en tenant compte du Doit et Avoir auxquels ils avaient été portés.

Exemple : J'ai *débité* Paul *deux fois* de ma facture de fr. 500 ; pour réparer cette erreur, je *créditerai* Paul de cette somme et *débiterai* le Compte de Marchandises Générales, auquel cette erreur revient de droit.

Tous les Articles de rectification inscrits au Journal seront portés également au Grand-Livre.

Remarque. — On appelle *contre-passer* ou *annuler* un Article mal porté au Journal le redressement de cet Article pour lui donner sa valeur réelle. On voit, d'après les moyens que nous venons de donner pour remédier aux *erreurs* qui peuvent survenir dans la *Passation des Articles* au Journal, que ces moyens sont autant d'Articles de *contre-passe* ou d'*annulation*.

Abréviation des Écritures.

Les Écritures, dans la *Passation des Articles* au Journal et au Grand-Livre, peuvent considérablement s'abréger, sans pour cela ôter à leur valeur ni nuire aux règles de la Comptabilité. Si l'on a fait, dans une journée, des Opérations avec plusieurs Débiteurs ou Créditeurs, on passe Écriture au Journal de ces mêmes Débiteurs ou Créditeurs par la formule suivante :

Exemple : Divers à Marchandises (suivent les noms des Divers Débiteurs), ou Marchandises à Divers (suivent les noms des Divers Créditeurs).

On voit, par les deux exemples qui précèdent, que le mot Divers est employé pour abréger, pour éviter la répétition des formules telles que :

Exemples : { Pierre à Marchandises ou Marchandises à Pierre.
              { Paul à Marchandises ou Marchandises à Paul.

Après chaque Article du Journal transcrit au Grand-Livre, on a le soin de porter en marge de celui-ci (le Journal), dans une petite colonne de réserve, les numéros des folios débiteurs et créditeurs du Grand-Livre.

Les colonnes pleines, on les aditionne en posant les chiffres préalablement au crayon, afin de s'assurer si les *totaux* sont exacts ; dans le cas contraire, c'est qu'il s'y serait glissé une ou des erreurs. Alors, il faudrait y remédier de suite en vérifiant tous les Articles au moyen du *Pointage*.

Les erreurs reconnues, on tire un trait, on abaisse les totaux à l'encre et on les reporte au haut de la page suivante, chacun à sa colonne de réserve ; ensuite, on continue à inscrire les Opérations au fur et à mesure de leur arrivée.

Observation. — On nomme *Pointage* le point ou marque à l'encre que l'on place après chaque Article vérifié au Brouillard, au Journal ou au Grand-Livre.

Des Opérations ou Échanges de Commerce.

On appelle *Opérations* ou *Échanges* de commerce les divers produits ou *choses* que les hommes *achètent*, *vendent*, *echangent* ou *troquent* entre eux, et qui constituent des Actes de Commerce (*Voir* les articles 632 et 633 du *Code de Commerce*).

Conséquemment, d'après ce qui précède, les Opérations, Échanges ou Actes de commerce comprennent généralement les *Achats*, les *Ventes*, les *Échanges* de Marchandises, les *Escomptes*, *Négociations*, *Endossements d'effets*, et les Pertes ou Profits résultant de ces mêmes Opérations.

Donc, toute Opération, Échange ou Valeur commerciale, quelle qu'elle soit, constitue une créance, laquelle ne peut être acquittée que par :

1° De l'Argent, 2° de la Marchandise, 3° un ou plusieurs Effets a recevoir, 4° un ou plusieurs Effets a payer, 5° une Perte, lorsque le Débiteur est insolvable.

Donc, les Opérations ou Actes de commerce se réduisent à quatre, qui sont :

1° *Acheter*, *vendre* ou *échanger* des Marchandises, 2° *recevoir* ou *donner* de l'Argent, 3° *souscrire* ou *recevoir* des Billets, 4° *gagner* ou *perdre* sur ces mêmes Opérations.

Des Comptes Généraux.

Les Comptes généraux sont ainsi appelés parce qu'ils représentent généralement toutes les Opérations de Commerce, et qu'à eux seuls ils suffisent amplement pour établir la situation d'une Maison de Commerce, même où les Affaires sont le plus compliquées. Ils sont encore ainsi appelés pour les distinguer des Comptes particuliers.

Les Comptes généraux sont au nombre de cinq, savoir :

1° Le Compte de Marchandises générales (*Voir* page 32) ;
2°   —   de Caisse (*Voir* page 32) ;
3°   —   d'Effets a recevoir (*Voir* page 33) ;
4°   —   d'Effets a payer (*Voir* page 33) ;
5°   —   de Profits et Pertes (*Voir* page 34) ;

Hormis le Compte de Caisse, tous ces Comptes se divisent en autant de Comptes particuliers que le besoin du Commerce le commande ; ainsi, les Comptes de Mobiliers et d'Immeubles sont des subdivisions du Compte de Marchandises générales.

Tous les Comptes généraux et leurs subdivisions s'inscrivent au Grand-Livre.

Des Comptes Particuliers.

Les Comptes particuliers sont ainsi nommés parce qu'ils ne représentent que partiellement les Opérations d'un Commerçant, et que leur ensemble ne résume pas, comme les Comptes généraux, la situation d'une Maison de Commerce.

Ces Comptes sont ceux de Capital (*Voir* page 34), Mobilier (*Voir* page 35), Immeubles (*Voir* page 35), et généralement tous les Comptes débiteurs et créditeurs du Grand-Livre.

A l'INVENTAIRE, lors de la clôture des Opérations, la somme totale des Articles du Journal devra être égale à celles du Doit et Avoir de la Situation générale, qui comprend tous les Comptes ouverts au Grand-Livre (*Voir le Modèle-Spécimen*).

DE L'INVENTAIRE

L'INVENTAIRE est une Opération qui consiste à faire le dénombrement par Articles de tout ce qu'on *possède* et tout ce qu'on *Doit*, et dont le résultat, déduction faite du DOIT sur l'AVOIR, fait connaître exactement la situation du Commerçant.

L'INVENTAIRE se résume en deux mots : ACTIF et PASSIF.

Passif.

Le PASSIF d'un Commerçant comprend tout ce qu'il *Doit*, soit en *Biens Meubles*, soit en *Biens Immeubles* (1).

La différence qui existe entre l'ACTIF et le PASSIF donne la *Perte nette*, c'est-à-dire que, quand le PASSIF surpasse l'ACTIF, il y a *Déficit* ou *Perte*.

Le PASSIF est toujours écrit au *Doit* ou *Débit* des *Comptes généraux* et *particuliers*, parce qu'ils sont censés avoir reçu des valeurs dont le PASSIF se compose.

Le PASSIF comprend donc :

1° Les *Effets à payer*, 2° les *Divers Créditeurs*, etc.

Actif.

L'ACTIF comprend tout ce qu'il *possède* et tout ce qu'on lui *Doit*, soit en *Biens Meubles*, soit en *Biens Immeubles*.

La différence qui existe entre le PASSIF et l'ACTIF donne le *capital net*, c'est-à-dire que, quand l'ACTIF surpasse le PASSIF, il y a *Gain* ou *Bénéfice*.

L'ACTIF est toujours écrit à l'*Avoir* ou *Crédit* des *Comptes généraux* et *particuliers*, parce qu'ils sont censés donner des valeurs dont l'ACTIF se compose.

L'ACTIF comprend donc :

1° Les *Marchandises*, 2° les *Espèces*, 3° les *Effets à recevoir*, 4° les *Divers Débiteurs*, etc.

Toute Maison de Commerce doit, pour plus de régularité, commencer ses Opérations par l'INVENTAIRE et en inscrire le résultat, c'est-à-dire l'ACTIF et le PASSIF, en tête de ses Livres.

MANIÈRE DE DRESSER UN INVENTAIRE

Pour établir un INVENTAIRE, il faut, quant à l'ACTIF :

1° Dresser un *État nominatif* des MARCHANDISES *en magasin*, *en commission*, etc., avec note détaillée de l'Article, de ses qualité, quantité, poids ou mesure et prix d'achat;

2° Dresser l'*État* de l'*Argent* en CAISSE ;

3° Dresser l'*État* des EFFETS A RECEVOIR ;

4° Dresser l'*État* des MEUBLES et IMMEUBLES ;

5° Dresser l'*État* des DIVERS DÉBITEURS, c'est-à-dire des sommes que l'on doit *recevoir*.

Quant au PASSIF :

1° Dresser l'*État* des EFFETS A PAYER ;

2° Dresser l'*État* des DIVERS CRÉDITEURS, c'est-à-dire des sommes que l'on doit *payer*.

NOTA. — L'INVENTAIRE doit se faire provisoirement sur un cahier de papier, et lorsqu'il est reconnu juste et exact, c'est-à-dire que tous les calculs sont faits, on le transcrit au net sur un Livre spécial.

Les deux *Inventaires comparatifs* ci-contre et leur contrôle en feront mieux comprendre toute l'importance.

---

(1) *Voir*, pour l'explication de ces mots, les articles 516, 517 et suivants du *Code Civil*.

INVENTAIRES COMPARATIFS

Situation au 1er Septembre 1874

PASSIF

EFFETS A PAYER — Doit

Mon numéro 1er o/*Bayen*, au 4 du courant........... 788 90		
Mon numéro 2 o/*Leriche* au 5 du courant..... 2,211 10	3,000 »	

DIVERS CRÉANCIERS

Moreau, p/solde restant dû sur ma maison de Passy........... 10,000 »		
Bataille, pour sa facture du 29 avril dernier... 784 60	10,784 60	

TOTAL DU PASSIF.... Fr. | 13,784 60

ACTIF

MARCHANDISES EN MAGASIN — Avoir

600m satin noir, à 15 fr... 9,000 »	
150m drap Elbeuf, à 16 f. 2,400 »	
600 caleçons, à 4 fr..... 2,400 »	
150 paires de bas, à 1 fr. 75 262 50	20,000 »
300 paires de chaussettes, à 0 fr. 75 ... 225 »	
200 douz. cols, à 2 fr. 25. 450 »	
350m 84c drap Sedan, à 15 f. 5,262 50	

CAISSE

Espèces en caisse	7,840 »

MOBILIER (*Industriel, Personnel*)

1e Bureau, comptoirs, casiers et ustensiles nécessaires; le tout estimé .... 4,780 »	
2e Meubles, glaces, linge, effets d'habillement et ustensiles; le tout... 5,220 »	10,000 »

IMMEUBLES

Ma maison de Passy, estimée ...	30,000 »

TOTAL DE L'ACTIF... Fr. | 67,840 »

Récapitulation de l'Inventaire.

PASSIF	Doit	ACTIF	Avoir
EFFETS A PAYER..............	3,000 »	MARCHANDISES...............	20,000 »
DIVERS CRÉANCIERS	10,784 60	CAISSE	7,840 »
Mon CAPITAL NET est de.......	54,055 40	MOBILIER	10,000 »
		IMMEUBLES	30,000 »
	67,840 »		67,840 »

Situation au 11 Septembre 1874

PASSIF

EFFETS A PAYER — Doit

Mon numéro 3 o/*Bataille*, au 20 du courant	600 »

DIVERS CRÉANCIERS

Moreau, solde restant dû sur ma maison de Passy.... 10,000 »	
Bataille, pour sa facture du 7 mai courant.... 4,000 »	22,780 »
Chambard, pour sa facture (dito)........ 8,700 »	

TOTAL DU PASSIF.... Fr. | 23,380 »

ACTIF

MARCHANDISES EN MAGASIN — Avoir

400m satin noir, à 15 fr... 6,000 »	
50m drap Elbeuf, à 16 fr.. 800 »	
100 caleçons, à 4 fr..... 400 »	
50 paires de bas, à 1 fr. 75 87 50	
100 paires de chaussettes, à 0 fr. 75......... 75 »	15,130 »
100 douz. cols, à 2 fr. 25. 225 »	
50m 84c drap Sedan, à 15 fr. 762 50	
231m drap fantaisie, à 12 fr. 2,772 »	
800m toile Hollande, à 5 fr. 4,000 »	
Un emballage........ 8 »	

CAISSE

Espèces en caisse	14,909

MOBILIER

Industriel et personnel, estimé ...	10,000

IMMEUBLES

Ma maison de Passy, estimée....	30,000

DIVERS DÉBITEURS

Destrem, banquier	10,040

TOTAL DE L'ACTIF... Fr. | 80,079

Récapitulation de l'Inventaire.

PASSIF	Doit	ACTIF	Avoir
EFFETS A PAYER	600 »	MARCHANDISES............	15,130
DIVERS CRÉANCIERS............	22,780 »	CAISSE	14,909
Mon CAPITAL NET est de.......	56,699 »	MOBILIER..............	10,000
		IMMEUBLES.............	30,000
		DIVERS DÉBITEURS............	10,040
	80,079 »		80,079

DU NOUVEAU JOURNAL-GRAND-LIVRE

DÉFINITION

Nous avons dit, dans notre *Préface*, que notre Nouveau Journal-Grand-Livre était d'une simplicité des plus remarquables : il est facile de le démontrer.

Ainsi qu'on peut le voir par le *Modèle-Spécimen* à la fin de notre Brochure, le Nouveau Journal-Grand-Livre se compose :

1° De la disposition propre du Livre-Journal, exigé par l'article 8 du *Code de Commerce* ;

2° De *colonnes-annexes* que nous avons établies de chaque côté du Livre-Journal, lesquelles, combinées d'après nos principes, permettent de faire comprendre *à priori* la Comptabilité la plus difficile, puisqu'à l'aide de ces colonnes, chaque Opération est passée en *Partie Double* et présente constamment la Position du Commerçant.

Les colonnes-annexes ne sont donc pas embarrassantes pour l'Élève, pour le Comptable, comme on pourrait le croire : elles sont simplement une modification du Livre-Journal, et leur ensemble et leur combinaison suffisent pour embrasser d'un coup d'œil toutes les Affaires d'une Maison de Commerce.

Division des colonnes du Journal-Grand-Livre.

Le Nouveau Journal-Grand-Livre se divise en *deux parties* :

La PARTIE GAUCHE, — composée d'une série de colonnes comprenant toutes les Opérations *débitrices* ou DOIT ;

La PARTIE DROITE, — composée d'une série de colonnes comprenant toutes les Opérations *créditrices* ou AVOIR.

Chaque partie se divise elle-même en *deux sections* :

La 1ʳᵉ *Section* de la *Partie Gauche*, ou Doit, comprend les *cinq Comptes généraux débiteurs*, et la 2ᵉ *Section* les *cinq Comptes particuliers* également *débiteurs* ;

La 1ʳᵉ *Section* de la *Partie Droite*, ou Avoir, comprend les *cinq Comptes généraux créditeurs*, et la 2ᵉ *Section* les *Comptes particuliers* également *créditeurs*.

Explication de chacune des colonnes figurant au Journal-Grand-Livre.

PARTIE GAUCHE   DOIT

1re Section. — COMPTES GÉNÉRAUX.

1re COLONNE. — MARCHANDISES GÉNÉRALES. — (ACHATS.)

C'est dans cette colonne qu'on portera les chiffres de toute *Marchandise achetée* soit au *Comptant*, soit à *Crédit*. On portera également tous les *Frais d'achats* de Marchandises.

Si l'on a à tenir une Comptabilité de Fabrique, on comprendra tout à la fois dans la colonne du DOIT de Marchandises : la *Matière première*, la *Main d'œuvre* et les *Frais de fabrication*.

2e COLONNE. — CAISSE. — (RECETTES.)

Dans cette colonne, on inscrira les chiffres de toutes les *Recettes* ou *Encaissements* d'Espèces ou de Billets de banque.

3e COLONNE. — EFFETS A RECEVOIR. — (ENTRÉE.)

Toute valeur qu'on *reçoit* en paiement, *Billet*, *Mandat* ou *Lettre de change*, figurera pour son chiffre dans cette colonne.

4e COLONNE. — EFFETS A PAYER. — (ACQUITS.)

C'est dans cette colonne qu'on appliquera les chiffres de toutes les Valeurs souscrites par le Commerçant, comme *Billets*, *Mandats* ou *Lettres de change* qu'il aura *payés* et *acquittés* à leur échéance.

5e COLONNE. — PROFITS ET PERTES. — (PERTES.)

On portera dans cette colonne les chiffres de tous les *Escomptes* et *Rabais* que le Commerçant aura consentis, tous les *Frais généraux* et *diverses Pertes* quelconques.

2e Section. — COMPTES PARTICULIERS.

COLONNE A. — DÉBITEURS DIVERS. — (CEUX QUI NOUS DOIVENT.)

On portera dans cette colonne tous les chiffres de *ventes* faites à *crédit* à *Divers*, désignés sous le titre de *Débiteurs*.

On y portera également tous les chiffres de Comptes spéciaux, tels que : Comptes d'Associés, de Banque, de Consignation et de Dépôt, Comptes à 1/2, à 1/3, etc., et généralement tous autres Débiteurs *inscrits au Grand-Livre des Comptes courants*

COLONNE B. — CRÉDITEURS DIVERS. — (CEUX A QUI NOUS PAYONS.)

Cette colonne servira à constater les chiffres de tous ceux à qui nous payons une Dette quelconque, soit en Espèces, Valeurs ou autrement.

COLONNE C. — MATÉRIEL ET MEUBLES. — (ENTRÉE.)

Sous ce titre, les Comptes de *Matériel*, *Mobilier industriel* et *personnel*, *Frais d'installation*, *Fonds de commerce*, etc.; prendront place pour leurs chiffres dans la colonne du Débit desdits Comptes Matériel et Meubles, ainsi que pour tous les Frais qui les concernent.

COLONNE D. — IMMEUBLES. — (ENTRÉE.)

C'est dans cette colonne qu'on portera tout *Achat* de Maison, Bois, Terre, et qu'on portera également tous les frais de réparations ou d'entretien d'Immeubles.

COLONNE E. — CAPITAL. — (PASSIF.)

Cette colonne comprendra les chiffres de tout ce que le Commerçant *doit à l'ouverture des Livres*, et chaque année, à l'*Inventaire*, s'il constate des *Pertes*, il débitera son *Capital passif* du montant de ses *Pertes*.

PARTIE DROITE AVOIR

1re Section. — COMPTES GÉNÉRAUX.

1re COLONNE. — MARCHANDISES GÉNÉRALES. — (VENTES.)

C'est dans cette colonne que l'on portera les chiffres de toute *Marchandise vendue* ou *échangée*, soit au *Comptant*, soit à *Crédit*.

2e COLONNE. — CAISSE. — (DÉPENSES.)

Dans cette colonne, on inscrira toutes les *Dépenses* quelconques, telles que : *Acquits de Factures* ou *Créances*, *Paiement de Valeurs*, *Frais généraux* et autres.

3e COLONNE. — EFFETS A RECEVOIR. — (SORTIE.)

Toute valeur que l'on *donnera* en paiement ou que l'on *encaissera* à l'échéance figurera dans cette colonne.

4e COLONNE. — EFFETS A PAYER. — (SOUSCRIPTION.)

C'est dans cette colonne qu'on appliquera les chiffres de toutes les *Valeurs souscrites* ou *acceptées* par le Commerçant, comme *Billets*, *Mandats*, *Lettres de change*.

5ᵉ COLONNE. — PERTES ET PROFITS. — (PROFITS.)

On portera dans cette colonne les chiffres de tous les *Escomptes, Bonifications* qu'on fera au Commerçant, et les *Divers Bénéfices* résultant des Opérations commerciales.

2ᵉ Section. — COMPTES PARTICULIERS.

COLONNE A. — DÉBITEURS DIVERS. — (CEUX QUI NOUS PAIENT.)

On portera dans cette colonne les chiffres de toutes les *Sommes* ou *Valeurs* qu'on recevra soit comme à-compte, soit comme solde, des *Divers Débiteurs* figurant au *Grand-Livre des Comptes Courants.*

COLONNE B. — CRÉDITEURS DIVERS. — (CEUX A QUI NOUS DEVONS.)

Cette colonne servira à constater les chiffres de tous ceux qui nous fournissent de *Marchandises* ou autres, et qu'on appelle *Créditeurs* ou plutôt *Créanciers.*

COLONNE C. — MATÉRIEL ET MEUBLES. — (SORTIE.)

Toutes les fois que le Commerçant se défera de son *Matériel* ou de ses *Meubles,* il devra en faire porter le chiffre au Crédit de cette colonne. De même que, chaque année, il fera figurer au Crédit dudit Compte la *dépréciation* ou *usure* de ses Meubles, estimée, suivant les usages du Commerce, à 10 0/0.

COLONNE D. — IMMEUBLES. — (SORTIE.)

C'est dans cette colonne qu'on portera les chiffres de toute *Vente* de Maison, Bois ou Terre. On portera également dans cette colonne les chiffres de *Loyers, Produits* ou *Revenus* quelconques résultant de Locations.

COLONNE E. — CAPITAL. — (ACTIF.)

Cette colonne comprendra les chiffres de tout ce que le Commerçant *possède* à l'ouverture des *Livres,* et chaque année, à l'*Inventaire,* s'il constate des *Bénéfices,* il créditera son *Capital Actif* du montant de ces *Bénéfices.*

A l'égard des *Bénéfices* ou des *Pertes* résultant d'une Société commerciale, on *passera Écriture* de ces Opérations d'après les stipulations, conventions ou statuts contenus dans l'Acte de Société.

DÉFINITION & EXPLICATIONS

SUR LES

COMPTES GÉNÉRAUX ET PARTICULIERS

FIGURANT AU NOUVEAU JOURNAL-GRAND-LIVRE

MARCHANDISES GÉNÉRALES

On appelle MARCHANDISES tous les objets qui entrent dans le Commerce, toutes les choses qui s'achètent, se vendent ou s'échangent, soit en gros, soit en détail, dans les magasins, boutiques, marchés, etc., et qui constituent des ACTES DE COMMERCE.

Ce Compte comprend donc tous les ACHATS, VENTES et ÉCHANGES.

Doit — **Avoir**

Ce compte est *débité* par le CRÉDIT de ceux qui les fournissent, de toutes les MARCHANDISES qui *entrent* en magasin, c'est-à-dire que l'on a *achetées*.

Comme les comptes de CAISSE et d'EFFETS A RECEVOIR, il s'ouvre toujours par un DÉBIT.

Ce compte est *crédité* par le DÉBIT de ceux qui les reçoivent, de toutes celles qui *sortent* du magasin, c'est-à-dire que l'on a *vendues*.

Sauf les BÉNÉFICES obtenus sur la *vente*, jamais son CRÉDIT ne peut surpasser son DÉBIT.

A l'INVENTAIRE, pour obtenir les BÉNÉFICES résultant de la vente du compte de MARCHANDISES, il faut *créditer* ce Compte par l'ACTIF de la valeur de celles en magasin ; ensuite, pour le *solder*, on le *débite* de l'excédant *créditeur* représentant les BÉNÉFICES en *créditant* le Compte général des PROFITS ET PERTES.

EXEMPLE :

Le DÉBIT de ce Compte est de . . . . 37,980 fr., représenté par le CAPITAL, les ACHATS et le BÉNÉFICE BRUT.

Son CRÉDIT de . . . . 22,850 fr., résultat des VENTES.

Le SOLDE DÉBITEUR ou excédant de MARCHANDISES en magasin est donc de. 15,130 fr., à porter à l'ACTIF DE L'INVENTAIRE.

CAISSE

Le Compte général de CAISSE comprend toutes les RECETTES et toutes les DÉPENSES ; il ne fait donc que *recevoir*, *encaisser*, *payer* ou *désencaisser*.

Doit — **Avoir**

Ce compte est *débité* de tout ce qu'il *reçoit* en *Argent*, *Billets de Banque*, etc.; — il est toujours *débité* du montant des Valeurs en numéraire que possède le Compte CAPITAL à l'ouverture des Livres ou PREMIER INVENTAIRE.

Ce compte est *crédité* de tout ce qu'il paie pour DÉPENSES quelconques.

Le CRÉDIT de Compte Caisse ne peut jamais excéder son DÉBIT ; c'est donc dire qu'il ne peut payer plus qu'il ne *possède*.

A l'INVENTAIRE, l'excédant du DÉBIT sur le CRÉDIT indique que le SOLDE est DÉBITEUR ; ce Solde est en conséquence porté à l'ACTIF.

EXEMPLE :

Le DÉBIT de ce Compte est de. . . . . . 25,090 fr., représenté par CAPITAL et les RECETTES.

Son CRÉDIT de: . . . . 10,081 provenant des DÉPENSES.

Le SOLDE DÉBITEUR est donc de . . . . . 14,909 fr. à porter à l'ACTIF de l'INVENTAIRE.

EFFETS A RECEVOIR

On appelle Effets a recevoir les Valeurs réelles d'échanges par promesse écrite que l'on *reçoit* en paiement pour l'*acquit* d'une Créance quelconque; le tout à une époque déterminée avec garantie de recours et qu'on négocie au besoin avant cette époque.

Ce Compte ne fait donc que *recevoir*, *transmettre* ou *encaisser* des Valeurs, car il comprend la *réception* (Entrée), la *transmission* (Sortie) ou l'*encaissement* (Solde) de toutes les Valeurs écrites qu'il a reçues.

Les Effets a recevoir comprennent la *Traite* ou *Lettre de change*, le *Mandat* et le *Billet à ordre* (*voir* les articles 110 et suivants du *Code de Commerce* qui traitent de ces valeurs).

Doit	Avoir
Ce compte est *débité* par le Crédit de ceux qui nous les *donnent* de toutes les promesses écrites que l'on *reçoit* en paiement d'une Créance, soit comme à-compte, complément, ou soit pour l'*acquit* ou Solde de cette Créance.	Ce compte est *crédité* de tous les Effets que l'on *transmet* ou qu'on *encaisse* à leurs échéances ou qu'on *négocie* au besoin. Dans ce cas, Profits et Pertes est *débité* de la Perte qu'entraîne la *négociation* de ces mêmes Effets (on voit ce que signifie le mot *négocier*).

A l'INVENTAIRE, s'il reste encore des Effets, l'excédant du Débit sur le Crédit indique que le Solde est Débiteur; ce solde, qui est le montant des Effets en Portefeuille, est porté à l'Actif.

EXEMPLE :

Le Crédit étant égal au Débit, ce Compte, par conséquent, ne présente point de Solde à nouveau.

EFFETS A PAYER

On appelle Effets a payer les Valeurs réelles d'échanges par promesse que l'on souscrit et que l'on donne en paiement pour acquitter une Créance quelconque, le tout à une époque déterminée avec garantie de recours contre soi si on ne satisfait pas à l'échéance, et que les personnes qui les reçoivent en paiement peuvent négocier au besoin ou transmettre à d'autres au moyen de l'endossement. On voit que ce Compte est l'inverse de celui des Effets a recevoir.

Ce Compte ne fait donc que créer, souscrire des Obligations, et, à leurs échéances, les acquitter.

Le Compte d'Effets a payer, comme celui d'Effets a recevoir, comprend la *Traite* ou *Lettre de Change*, le *Mandat* et le *Billet à ordre*.

Doit	Avoir
Ce compte est *débité*, par le Crédit de Caisse, de toutes les Valeurs ou Promesses en circulation, qu'on *acquitte* à leurs échéances. Le Débit de ce compte ne peut jamais surpasser son Crédit, puisqu'il ne peut payer plus qu'il n'a souscrit.	Ce compte est *crédité* par le Débit des personnes à qui nous les donnons en paiement, des Valeurs ou Promesses que l'on *crée*, que l'on *souscrit*. Il s'ouvre toujours par un Crédit et ne présente jamais de Solde débiteur.

A l'INVENTAIRE, s'il reste encore des Effets a payer en circulation, l'excédant du Crédit sur le Débit indique que le Solde est Créditeur; ce Solde est, en conséquence, porté au Passif.

EXEMPLE :

Le Crédit de ce compte est de	3,600 fr.,	représenté par Capital et Bataille;
Son Débit de	3,000	montant des Billets acquittés.
Solde créditeur ou excédant d'Effets a payer.	600 fr.,	à porter au Passif de l'inventaire.

PROFITS ET PERTES

Le Compte général de PROFITS ET PERTES représente les BÉNÉFICES et les PERTES que fait le Commerçant.

<table>
<tr><td align="center">Doit</td><td align="center">Avoir</td></tr>
<tr><td>Ce compte est débité, par le CRÉDIT de ceux qui nous les font subir, de toutes les PERTES provenant des Escomptes, Rabais, Frais d'envoi, Dépenses, etc., etc.</td><td>Ce compte est crédité, par le DÉBIT de ceux qui nous les donnent, de tous les PROFITS provenant des Escomptes, Remises, etc., etc., et des BÉNÉFICES ou Gains résultant des Opérations.</td></tr>
</table>

A l'INVENTAIRE, ce compte SOLDE la différence en PERTES ou PROFITS de tous les comptes ouverts au GRAND-LIVRE qui ne sont pas soldés à la clôture des Opérations (*Voir* pour exemples les comptes de MARCHANDISES, page 32, et FRAIS GÉNÉRAUX, page 34); ensuite, comme ce compte se SOLDE par lui-même, l'addition du DÉBIT indique le total des PERTES, et celle du CRÉDIT le total des PROFITS; en conséquence, ce SOLDE CRÉDITEUR ou excédant de PROFITS sera porté au DÉBIT de ce compte pour l'égaler, et ce DÉBIT, représentant le BÉNÉFICE NET résultant des Opérations, sera inscrit au CRÉDIT du Compte CAPITAL, dont il vient augmenter la valeur.

EXEMPLE :

Ce Compte se *soldant* par lui-même, et le DÉBIT étant toujours égal au CRÉDIT, ne présente jamais de SOLDE à nouveau.

FRAIS GÉNÉRAUX

Le Compte de FRAIS GÉNÉRAUX est une subdivision du Compte général de PROFITS ET PERTES; il comprend le *Loyer*, les *Appointements des Commis* et des *Personnes employées dans la maison*; les *Frais de Bureau et de Magasin*; les *Impositions, Patentes et Assurances*; les *Ports de lettres*; l'*Éclairage*, etc.; les *Dépenses personnelles de Maison*, et généralement tous les *Frais accessoires*.

<table>
<tr><td align="center">Doit</td><td align="center">Avoir</td></tr>
<tr><td>Ce compte est débité de tous les Frais dont il est ci-dessus parlé.</td><td>Il est crédité par transport au compte général de PROFITS ET PERTES.</td></tr>
</table>

A l'INVENTAIRE, ce SOLDE transporté sera porté au DÉBIT du compte de PROFITS ET PERTES.

EXEMPLE :

Le DÉBIT de ce compte est de 2,075 fr., représentant les FRAIS que nous avons faits.
Le CRÉDIT étant de . . . . . 2,075 fr., représenté par le DÉBIT de PROFITS ET PERTES.

Le SOLDE est donc égal . . . 2,075 — 2,075 fr., puisqu'il se transporte au DÉBIT de PROFITS ET PERTES.

CAPITAL

Tout Commerce, Exploitation ou Industrie, quelque faible qu'il soit, possède un CAPITAL.

Par COMPTE CAPITAL, on comprend l'état de ce que *possède* et *doit* un Commerçant, c'est-à-dire son ACTIF et son PASSIF. — Le CAPITAL est donc la *Mise de Fonds*; il peut s'augmenter par suite de *Bénéfices* résultant des Opérations commerciales, d'Héritages, etc., etc. — On appelle *Mise de Fonds* tout ce qu'on apporte dans son Commerce, tant en *Marchandises, Valeurs numéraires, Créances à recevoir* ou *à payer*; en un mot, tant en BIENS MEUBLES qu'en BIENS IMMEUBLES. Le CAPITAL NET est l'excédant de l'ACTIF sur le PASSIF.

Doit

Ce compte comprenant l'état de ce que *possède* et *doit* le Commerçant, est *débité* de tout ce que celui-ci *doit* à l'ouverture des Livres.

La différence ou excédant en *Pertes* existant entre le PASSIF et l'ACTIF indique le débit de CAPITAL. — Il est donc *débité* des *Pertes* résultant des Opérations des Comptes généraux *soldés* par le CRÉDIT de PROFITS ET PERTES.

Avoir

Ce compte est *crédité* originairement par PREMIER INVENTAIRE, c'est-à-dire avant toute opération de l'ACTIF résultant de la *Mise de Fonds*, et ensuite *crédité* des *Bénéfices* provenant des Opérations des Comptes généraux *soldés* par le DÉBIT de PROFITS ET PERTES. — Le Capital NET étant l'excédant de l'ACTIF sur le PASSIF est *crédité nettement* de cet ACTIF.

A l'INVENTAIRE, l'excédant du CRÉDIT sur le DÉBIT indique que le *Solde* est *Créditeur*; ce Solde est en conséquence porté au PASSIF et représente la Valeur *nette* de CAPITAL.

EXEMPLE :

Le CRÉDIT de ce compte est de	70,483 fr. 60 c.	montant de la *Mise de Fonds* et du *Bénéfice* des Opérations.
Son DÉBIT de	13,784 60	montant des *Dettes* à payer lors du PREMIER INVENTAIRE.
SOLDE CRÉDITEUR ou excédant en gain.	56,699 fr. »	à porter au PASSIF de l'INVENTAIRE.

MOBILIER

Le Compte de MOBILIER ou *Meubles et Ustensiles* comprend tous les BIENS MEUBLES.

Ce Compte représente donc tout ce que le Commerçant possède en *Meubles, Bijoux, Linge, Chevaux, Voitures, Ustensiles* de toutes sortes, etc., etc.

Il se divise en MOBILIER PERSONNEL et en MOBILIER INDUSTRIEL.

Le MOBILIER PERSONNEL concerne le Commerçant;

Le MOBILIER INDUSTRIEL concerne sa profession.

REMARQUE. — On appelle MOBILIER, les *Meubles* et *Effets* qui se peuvent transporter d'un lieu à un autre sans rien détériorer, et on appelle USTENSILES, la collection de tous les Instruments propres à un art ou aux besoins domestiques.

Doit

Ce compte est *débité* par le CRÉDIT de CAPITAL ou PREMIER INVENTAIRE de la valeur du MOBILIER que possède le Commerçant; il est ensuite *débité* dans le cours des Opérations des Achats de *Meubles* et *Ustensiles* que l'on fait.

Avoir

Ce compte est *crédité* à l'INVENTAIRE par le DÉBIT du Compte général de PROFITS ET PERTES de la *diminution* que l'on fait subir au MOBILIER par suite de l'usure.

Cette *diminution* peut être évaluée à 10 0/0.

A l'INVENTAIRE, l'excédant du DÉBIT sur le CRÉDIT indique que le SOLDE est DÉBITEUR. Ce Solde est porté à l'ACTIF.

EXEMPLE :

Le DÉBIT de ce compte étant de	10,000 fr.,	représenté par le CRÉDIT de CAPITAL ou PREMIER INVENTAIRE.
Son CRÉDIT étant nul.	»	puisqu'il n'a pas été fait de *diminution*.
Le SOLDE DÉBITEUR est donc toujours de	10,000 fr.,	à porter à l'ACTIF de l'INVENTAIRE.

IMMEUBLES

Tout ce que l'on possède en propriétés est représenté par le Compte d'IMMEUBLES; ainsi, une *Maison*, un *Bois*, une *Terre*, un *Champ*, etc., sont des IMMEUBLES.

Doit

Ce compte est *débité* de ce qu'auront coûté les IMMEUBLES, et ensuite *débité* des *Frais de réparations, Impositions, Contributions, Gages, Assurances*, etc., qu'auront nécessité ces IMMEUBLES.

Avoir

Ce compte est *crédité* de ce que l'on recevra des *Loyers, Produits, Revenus*, etc., de ces IMMEUBLES; il sera également *crédité* du produit de leur *Vente* et des BÉNÉFICES en résultant.

A l'INVENTAIRE, pour *solder* ce compte, on agit de même que pour le compte de MARCHANDISES GÉNÉRALES, dont il est une des subdivisions, c'est-à-dire qu'il sera *débité* par le CRÉDIT de PROFITS ET PERTES des BÉNÉFICES provenant des loyers, produits, etc., etc., et ensuite *porté* à l'ACTIF représentant le DÉBIT ou SOLDE de ce compte, c'est-à-dire la Valeur *nette* des IMMEUBLES.

EXEMPLE :

Le DÉBIT de ce compte est de . . . . 30,000 fr., représenté par notre Maison de Passy.
Son CRÉDIT étant nul. . . . .   »   puisqu'il n'a pas été reçu de Revenus ni fait de Vente.
Le SOLDE DÉBITEUR est donc toujours de. . 30,000 fr., à porter à l'ACTIF de l'INVENTAIRE.

DIVERS DÉBITEURS

SAMUEL, DESTREM

Les DIVERS DÉBITEURS ou COMPTES PARTICULIERS se tiennent absolument comme les DÉBITS des COMPTES GÉNÉRAUX, c'est-à-dire qu'ils sont *débités* de tout ce qu'ils *reçoivent* en MARCHANDISES ou autres, et *crédités* par le DÉBIT des comptes de CAISSE, d'EFFETS A RECEVOIR et de PROFITS ET PERTES pour *Escompte* lorsqu'ils s'*acquittent* envers nous.

A l'INVENTAIRE, s'il reste des SOLDES DÉBITEURS, ces soldes sont portés à l'ACTIF.

EXEMPLE :

DESTREM est DÉBITEUR de. . . . . . . 40,000 fr. pour Divers, à lui remis.
Son CRÉDIT étant nul. . . . .   »   puisqu'il ne nous a encore rien donné.
Le SOLDE DÉBITEUR est donc toujours
de. . . . . 40,000 fr. qu'on transporte à l'ACTIF DE L'INVENTAIRE.

DIVERS CRÉDITEURS

MOREAU, CHAMBARD, BATAILLE

Les DIVERS CRÉDITEURS ou COMPTES PARTICULIERS se tiennent absolument comme les CRÉDITS des COMPTES GÉNÉRAUX, c'est-à-dire qu'ils sont *crédités* de tout ce qu'ils *donnent* en MARCHANDISES ou autres, et *débités* par les comptes de CAISSE, d'EFFETS A RECEVOIR ou A PAYER et de PROFITS ET PERTES lorsque nous nous *acquittons* envers eux.

A l'INVENTAIRE, s'il reste des SOLDES CRÉDITEURS, ces soldes sont portés au PASSIF.

EXEMPLE :

MOREAU est CRÉDITEUR de. . . . . . 40,000 fr. pour autant restant dû sur notre maison de Passy.
Son DÉBIT étant nul . . . .   »   puisque nous ne lui avons rien donné.
Le SOLDE CRÉDITEUR est donc tou-
jours de . . . . 40,000 fr. à porter au PASSIF DE L'INVENTAIRE.

APPLICATION

du Nouveau Journal-Grand-Livre

A DIVERSES COMPTABILITÉS

———

Nous avons dit aussi, dans notre Préface, que le NOUVEAU JOURNAL-GRAND-LIVRE était indispensable aux *Maisons de Commerce*, comme aux *Maisons de Banque et Industrielles*; aux *Sociétés Commerciales*, comme aux *Associations Coopératives*.

Prouvons :

Dans le commerce ordinaire ou petit commerce, la Comptabilité est tenue le plus souvent par un seul individu, Caissier et Teneur de Livres tout à la fois, et souvent aussi par une personne employée au mois ; mais, dans des maisons importantes, considérables, un Comptable ne suffit pas, et la multiplicité des affaires exige un certain nombre d'employés aux Écritures.

Mais, quelle que soit la multiplicité des opérations de ces différentes maisons, leurs Comptabilités n'offrent pas plus de difficultés les unes que les autres.

Voyons maintenant comment les différentes sortes de Comptabilités de Haut Commerce, de Banque, de Finance, d'Industries et d'Entreprises diverses peuvent être établies et figurer avantageusement sur le NOUVEAU JOURNAL-GRAND-LIVRE.

Pour le Haut Commerce.

Prenons pour exemple des maisons de premier ordre : les Magasins de Nouveautés du *Bon-Marché*, du *Louvre*, de la *Belle-Jardinière*, etc. Dans ces maisons, le Comptable en chef crée autant de Livres qu'il juge utiles pour faciliter, pour répartir et résumer le travail, que des employés spéciaux sont chargés de tenir, et dont ils doivent rendre compte chaque jour. Les opérations ainsi préparées et distinctes seront relatées par groupes sur le NOUVEAU JOURNAL-GRAND-LIVRE.

La loi prescrit la Tenue du Journal ; mais la loi n'a pu exiger que chaque opération d'achat, de vente, etc., soit passée en détail au fur et à mesure de son libellé. C'est par groupes ou résumés que chaque jour les opérations seront appliquées, en relatant leur provenance, sur les Registres qui les mentionnent, afin que leur inspection et leur contrôle puissent se faire avec facilité. Autrement, dix employés travaillant jour et nuit ne pourraient suffire à mettre les Écritures à jour, sans compter le nombre des volumineux Journaux à employer pour obtenir ce résultat, qu'il serait impossible de contrôler.

Les Livres des Comptes Débiteurs et Créditeurs, ou Livres des Comptes-Courants, pourront se diviser par Paris, Province et Étranger, et de plus encore, pour chacun de ces titres, par ordre alphabétique, comprenant plusieurs lettres par Registre.

Quant aux Livres auxiliaires ou accessoires, il en sera créé autant qu'il faudra.

Enfin, nous le répétons, toutes les opérations d'une grande maison, quelque multiples qu'elles soient, peuvent, par leurs divisions et leurs subdivisions de titres, être relatées et centralisées chaque jour sur notre JOURNAL-GRAND-LIVRE comme *Journal-Général* des opérations.

Lorsque l'on veut établir la Comptabilité d'une Maison de Commerce, de Banque ou d'Industrie quelconques, il est important de bien connaître le mécanisme et le fonctionnement, la marche et les moyens de l'affaire, le but qu'on se propose, et que la Tenue des Livres est appelée à atteindre d'une manière exacte. Une fois que l'on a acquis toutes ces connaissances, on crée la Comptabilité en organisant tous les Livres, en disposant tous les comptes, et on résume ce tout par des titres spéciaux, en s'appuyant sur les principes généraux de la Tenue des Livres en partie double, principes desquels il ne faut jamais s'écarter.

Si vous raisonnez ainsi logiquement, vous êtes toujours assuré de vaincre toutes les difficultés, et de résoudre tous les problèmes se rattachant à la Comptabilité.

Pour la Banque.

On sait que l'objet du négoce du Banquier n'est point la *Marchandise*; que sa marchandise à lui, ce sont les *Valeurs de Commerce*, tels que *Billets*, *Lettres de Change*, *Mandats*, etc.; qu'il Escompte.

Le Banquier est donc un négociant, un commerçant dont le négoce, le commerce, la *Marchandise* est l'*Argent*; dont les opérations consistent principalement à remettre des *Espèces* contre des Billets, Lettres de Change ou autres Valeurs. Il opère également sur les Fonds publics, les Actions de Chemins de fer, et traite généralement de toutes sortes d'opérations industrielles.

Toute la Comptabilité du Banquier consiste à substituer au *Compte de Marchandises* le *Compte Valeurs de Commerce*, et de *Débiter* ce compte chaque fois que le Banquier *escompte*, c'est-à-dire ACHÈTE du papier négociable soit sur Paris, la Province ou l'Étranger, et à le *créditer* chaque fois qu'il le VEND, y compris le *bénéfice* qu'il en tire. De cette façon, on n'a plus, à l'Inventaire, qu'à établir le montant des *Valeurs restant en Portefeuille*, comme on agirait pour constater le montant des *Marchandises restant en Magasin*, et à ajouter au Total des *Effets sortis*, c'est-à-dire *vendus*, ceux que le Banquier *possède*, et à passer au *Crédit* du *Compte de Profits et Pertes*, en débitant le Compte de Valeurs des BÉNÉFICES BRUTS résultant des opérations d'escompte ou de négociation.

On voit par ce qui précède que le *Livre des Entrées et Sorties de Valeurs* que *reçoivent* et *donnent* les Banquiers, correspond au *Livre des Achats et des Ventes de Marchandises*.

La disposition spéciale de cette Comptabilité, dont les Livres accessoires peuvent avoir autant de subdivisions qu'il y a de différentes sortes de valeurs, n'offre donc aucune difficulté pour leur application sur le NOUVEAU JOURNAL-GRAND-LIVRE.

Pour la Finance ou Grands Établissements de Banque, tels que le Comptoir d'Escompte,
la Société des Dépôts et Comptes-Courants, la Banque de France elle-même.

On donne le nom de Banques à des administrations publiques ou particulières qui
ont pour but de faciliter les opérations commerciales, soit en fournissant de l'argent
aux négociants, soit en leur escomptant des valeurs.

De là, deux sortes de Banques : la première, dite de *Dépôt*; la seconde, dite de
Circulation; mais le plus souvent les Banques sont tout à la fois, comme la Banque
de France, l'une et l'autre.

Voici en quoi consistent les principales Opérations de banque de nos grands Établissements financiers :

COMPTOIR D'ESCOMPTE. — A Escompter : 1° les Effets de Commerce payables à Paris,
dans les Départements et à l'Étranger, les Billets à ordre et généralement toutes sortes
d'Engagements à ordre et à échéance fixe, résultant de transactions commerciales ou
industrielles ; 2° à faire des avances sur les Rentes françaises, Actions ou Obligations
d'entreprises industrielles ou de crédit, constituées en Sociétés anonymes françaises ;
3° à se charger de tous les paiements et recouvrements à Paris, dans les Départements et
à l'Étranger ; à fournir et à accepter tous Mandats, Traites et Lettres de Change ;
4° à ouvrir toutes Souscriptions à des Emprunts publics ou autres ; 5° à recevoir en
compte-courant les Fonds qui lui seraient versés à un taux d'intérêt déterminé par le
Conseil d'administration ; 6° à recevoir en dépôt toutes espèces de Titres et Valeurs, etc.

SOCIÉTÉ DES DÉPÔTS ET COMPTES-COURANTS. — Cette utile Société a pour objet : de
développer en France le système des Comptes-Courants par Chèques, tel qu'il est pratiqué en Angleterre ; de faire sans commission le service de Caisse de tous banquiers,
négociants ou particuliers de Paris, des Départements et de l'Étranger ; de recevoir
en dépôts tous Fonds momentanément sans emploi et remboursables soit à vue, soit
à sept jours de vue ; de conserver en garde tous Titres de Rente, Actions et Obligations, etc., et d'encaisser les Coupons au crédit des Déposants. Elle se charge encore
de l'exécution des ordres de Bourse, etc.

BANQUE DE FRANCE. — Ce que nous venons de dire concernant les principales opérations du Comptoir d'Escompte et de la Société des Dépôts et Comptes-Courants peut
s'appliquer en grande partie à la Banque de France ; mais comme ce grand établissement, éminemment national, a été créé dans le but de favoriser le développement du
Commerce et de l'Industrie en France, nous ne craignons pas de retracer ici en quoi
consistent ses principales opérations, qui sont :

1° Escompter des Effets de Commerce sur Paris ou sur les Villes où elle a des Succursales ; 2° faire des avances sur Effets publics français à échéance déterminée et non
déterminée, sur Actions et Obligations de Chemins de fer français, sur Bons de la
Caisse de la Boulangerie et de la Caisse des Travaux de Paris, sur Obligations du
Crédit Foncier, sur Lingots et Monnaies d'or et d'argent ; 3° à émettre des Billets à
vue et au porteur, et des Billets à ordre transmissibles par la voie de l'endossement ;

4° à recevoir en garde les Titres, les Diamants, les Effets publics nationaux et étrangers au porteur ou nominatifs ; 5° à recevoir en dépôt des Colis contenant des Matières d'or et d'argent provenant de l'Étranger ; 6° à recevoir en compte-courant les Sommes qui lui sont versées et les Effets sur Paris, à encaisser et à payer les dispositions faites sur elle jusqu'à concurrence des sommes encaissées ; 7° à émettre des Billets à ordre payables dans ses Succursales, etc., etc.

En lisant le détail de ces différentes sortes d'opérations de banque, on croirait peut-être que leur Comptabilité présente des difficultés : il n'en est rien. Les Livres accessoires, avec leurs divisions et leurs subdivisions, fournissent tous les détails, et notre JOURNAL-GRAND-LIVRE les relate, les centralise par des titres spéciaux.

C'est ainsi que nous avons appliqué d'après notre mode de Comptabilité, sur le NOUVEAU JOURNAL-GRAND-LIVRE, les opérations de la *Comptabilité générale de la Banque de France*, résumées par les titres suivants, conformément à ses Bilans hebdomadaires :

PASSIF	ACTIF
Réserves diverses.	Argent et Lingots.
Billets divers.	Avances diverses.
Comptes-Courants.	Portefeuille.
Dividendes à payer.	Effets publics.
Arrérages de Valeurs.	Actions et Obligations.
Escomptes et Intérêts divers.	Avances à l'État.
Réescomptes du dernier semestre.	Rentes.
Effets au comptant.	Immeubles et Mobiliers.
Réserves (Effets en souffrance).	Dépenses d'administration.
Divers Créditeurs.	Divers Débiteurs.
Capital.	Capital.
Pertes.	Bénéfices.

Pour l'Industrie.

On désigne sous les noms d'*Usinier, Fabricant* ou *Manufacturier,* l'industriel ou le commerçant qui, à l'aide de machines, seul ou avec le concours d'ouvriers, fait, avec les matières premières qu'il achète, des choses d'une nature et d'une forme nouvelle, qu'il livre ensuite au commerce.

Le titre de Manufacturier s'applique généralement à tous les propriétaires des grands établissements de fabrication, soit manuelle, soit mécanique.

Toute la Comptabilité d'une usine, fabrique ou manufacture, concernant son industrie et ses produits, repose sur trois comptes qui peuvent avoir leurs subdivisions. Ces trois comptes sont ceux de : *Matières Premières, Main d'Œuvre* et *Frais de Fabrication.*

Matières Premières. — Ce compte est DÉBITÉ de l'achat de toutes les matières servant à la fabrication de produits.

Main d'Œuvre. — Ce compte est DÉBITÉ de toutes les sommes payées aux ouvriers qui ont travaillé à la confection des produits.

Frais de Fabrication. — Ce compte est DÉBITÉ de tous les frais payés pour la fabrication.

Mais ces comptes eux-mêmes disparaissent ; car, lorsque les produits sont fabriqués, on en fait le prix de revient, puis on les fait entrer au Magasin pour être mis en vente sous les titres spéciaux de : *Produits, Objets Fabriqués, Magasin* et *Marchandises Générales*. On voit alors que chacun des trois comptes précités sera CRÉDITÉ par le DÉBIT de celui de Marchandises générales pour la totalité des Objets sortis de l'Atelier et entrés au Magasin.

L'application de ces sortes de Comptabilités sur le NOUVEAU JOURNAL-GRAND-LIVRE n'offre aucune difficulté, puisque tout achat de matières premières, de main d'œuvre payée ou de frais faits pourront être de suite portés au compte général de Marchandises, Objets fabriqués, Produits ou Magasin.

Quelques Comptabilités se rattachant soit à des industries spéciales, soit à des entreprises, etc., sembleraient présenter quelques difficultés dans leur application sur le NOUVEAU JOURNAL-GRAND-LIVRE; prouvons qu'aucune difficulté ne peut exister :

COMPTABILITÉ DES ENTREPRENEURS. — L'Entrepreneur est celui dont l'industrie consiste à se charger, moyennant un prix déterminé, de l'exécution d'une chose livrable à une époque fixe, le tout à ses risques et périls.

Il y a des Entrepreneurs de transports, de bâtiments, de travaux publics, d'agences, de théâtres, de voitures publiques, chemins de fer, bateaux à vapeur, etc.

Comme l'Entrepreneur est pour ainsi dire un véritable fabricant, toute sa Comptabilité se réduit donc à ouvrir un compte à *Entreprise*, qui remplace le compte de *Mardises*. Les autres subdivisions, telles que *Matières premières, Main d'œuvre* et *Frais d'Entreprise*, etc., se tiennent absolument de la même manière que celles du Fabricant.

Généralement, on comprend dans les Frais d'Entreprise ou d'Exploitation tout ce qui peut être payé pour salaires d'ouvriers, employés, loyers, impôts, éclairage et combustible, entretien et nourriture des chevaux, charretiers et conducteurs, etc.

COMPTABILITÉ DE L'ARMATEUR. — L'Armateur est un véritable entrepreneur de transports par mer, comme l'entrepreneur de voitures publiques l'est par terre.

La Comptabilité de l'Armateur est donc aussi facile : le compte *Exploitation* remplace celui de Marchandises. Les autres restent les mêmes et se subdivisent par des titres spéciaux.

COMPTABILITÉ DES AGENTS DE CHANGE ET COURTIERS. — Les Agents de] change et Courtiers sont des agents intermédiaires du commerce institués pour faciliter les marchés, rechercher les choses à vendre, afin de les offrir aux acheteurs, et les débouchés pour les procurer aux vendeurs. Les Agents de change sont ceux d'entre ces intermédiaires qui font plus particulièrement le courtage des Effets publics et des Lettres de change. Les Courtiers sont ceux qui s'occupent de la vente des marchandises ou de quelques transactions accessoires. (Voir *Vincens*.)

Les Agents de change sont à la fois *Officiers publics* et *Commerçants*. Comme *Officiers publics*, ils ont *seuls* le droit de faire les négociations des Effets publics et autres susceptibles d'être cotés à la Bourse ; comme *Commerçants*, ils font pour le compte d'autrui les négociations des Lettres de change ou Billets et de tous Papiers commerciables ; ils en constatent aussi le cours. — Les Courtiers, *Officiers publics* comme les

Agents de change, et comme eux *Commerçants*, sont les agents intermédiaires chargés de préparer les négociations, de s'entremettre entre les parties. (Voir *Bravard*.)

D'après l'article 84 du Code de Commerce, les Agents de change et les Courtiers sont tenus d'avoir un Livre revêtu des formes prescrites par l'article 11. Ils sont obligés de consigner dans ce Livre, jour par jour, et par ordre de dates, sans ratures, interlignes, transpositions et abréviations, *ni chiffres*, toutes les conditions de ventes, achats, assurances, négociations et en général toutes les opérations faites par leur ministère.

Comptabilité des Commissionnaires et Voituriers. — Les Commissionnaires et Voituriers sont des auxiliaires du commerce, qui se chargent en leur nom propre ou sous une raison sociale, et pour le compte d'un commettant, moyennant un droit de commission, du transport des marchandises par terre et par eau. Le voiturier est celui qui est chargé d'opérer ce transport. — Les Commissionnaires sont donc de véritables *Entrepreneurs* traitant avec le commerce, et qui se substituent des voituriers avec lesquels ils sous-traitent à leur profit l'exécution des transports.

Les Commissionnaires sont réputés commerçants, et, à ce titre, astreints à tenir des Livres ; ils ne peuvent se charger des marchandises qu'autant qu'elles sont accompagnées d'une lettre de voiture ou d'un connaissement. — L'article 96 du Code de Commerce oblige le Commissionnaire d'inscrire sur son Livre-Journal la déclaration de la nature et de la quantité des marchandises, et s'ils en sont requis de leur valeur.

Les Entrepreneurs de transports (diligences, messageries, chemins de fer, bateaux à vapeur, etc.), doivent tenir compte de l'argent, des effets, colis et paquets dont ils se chargent, et délivrer reçu des objets qui leur sont confiés. (Art. 1785 du Code civil.)

Comptabilité de Sociétés. — Le Code de Commerce reconnaît les Sociétés en *nom collectif*, en *commandite*, *anonymes* et en *participation*. — Comme chacune de ces Sociétés sont établies d'après des conventions ou statuts, résultant d'actes sous seings-privés ou notariés, et se rattachant à un genre de commerce ou d'industrie, leurs opérations n'offriront aucune difficulté pour leur application sur le Nouveau Journal-Grand-Livre.

Seulement, à l'égard des Sociétés anonymes et en commandite par actions, qu'on nous permette les réflexions suivantes :

Les articles 9, 10 et 44 de la loi du 24 juillet 1867 sur les Sociétés commerciales imposent aux *Administrateurs*, ou *Membres d'un Conseil de surveillance*, l'obligation de se rendre un compte exact des opérations d'une Société ; d'en vérifier les *Livres*, la *Caisse*, le *Portefeuille* et les *Valeurs* ; de faire chaque année, à l'Assemblée générale, un Rapport dans lequel ils doivent signaler les *irrégularités* et *inexactitudes* qu'ils ont reconnues dans les Inventaires. Ils les rendent responsables, conformément aux règles de droit commun, *individuellement* ou *solidairement*, suivant les cas, envers la Société ou envers les tiers, des fautes qu'ils auraient commises dans leur gestion.

D'où vient qu'en présence de ces formalités de la loi, beaucoup d'Administrateurs ou Membres de Conseils de surveillance de diverses Sociétés négligent ces prescriptions, et que leur négligence est cause que souvent des Sociétés sont victimes de détournements, commis par des caissiers ou employés, ayant à leur disposition des sommes et des valeurs considérables ?

Mais ils sont doublement responsables, doublement coupables, ces Administrateurs ou Membres de Conseils de surveillance si peu soucieux de leurs propres intérêts! Si, malheureusement, des hommes sont assez faibles pour se laisser entraîner à commettre des fraudes qui retombent toujours indirectement sur la famille, sur des parents honnêtes, ils doivent s'en attribuer la plus grande part, et la Société et la Justice ont le droit de leur demander un compte sévère de leur négligence, de leur infraction à la loi; car, s'ils avaient fait leur devoir, ils auraient découvert de suite *une première faute*, et coupé, comme on dit, le mal dans sa racine; et peut-être que leur active surveillance eût fait rentrer dans le chemin de l'honneur des malheureux plus faibles que coupables, que la négligence de leurs chefs d'une part et que le goût du luxe et le désir de briller d'autre part égarent et conduisent directement en cour d'assises.

COMPTABILITÉ DE LIQUIDATION. — Lorsqu'un Commerçant, une Société, quitte les affaires, de son plein gré ou *forcément*, il reste toujours à *liquider* une situation Active et Passive et à réaliser toutes les valeurs résultant de cette situation; c'est cette opération qu'on nomme *Liquidation*. — Quand la Liquidation est faite par le commerçant ou son fondé de pouvoirs, ou par un ou plusieurs des associés désignés dans l'acte de Société, la Liquidation est dite *amiable*; mais, lorsque c'est un tribunal qui charge un de ses membres de ce soin, la Liquidation est dite *judiciaire*. On nomme donc *Liquidateur* toute personne chargée de ce travail.

Toute la Comptabilité de la Liquidation repose donc sur ce mot : *Liquidation*, qui remplace le compte de *Caisse*. Le Liquidateur doit donc *débiter* ce compte, à son point de départ, de tout l'argent existant en Caisse à l'Inventaire, et de l'en *débiter* chaque fois qu'il *recevra* des Espèces, puis de l'en *créditer* chaque fois qu'il *paiera*. Les autres comptes restent dans les mêmes conditions. A la clôture générale des opérations de la Liquidation, le Crédit de ce compte, c'est-à-dire les Espèces existant en Caisse, devra être égal au Débit du compte Capital.

Cette sorte de Comptabilité n'offre donc aucune difficulté pour son application sur le NOUVEAU JOURNAL-GRAND-LIVRE.

COMPTABILITÉ DES NOTAIRES. — Les Notaires étant des fonctionnaires publics, et comme tels faisant toutes sortes d'affaires, ont le plus grand intérêt à connaître constamment leur situation. Notre NOUVEAU JOURNAL-GRAND-LIVRE, avec quelques changements de titres, leur garantit ce résultat.

On voit, par ce qui précède, que toutes ces sortes de Comptabilités, peuvent s'appliquer avantageusement sur le NOUVEAU JOURNAL-GRAND-LIVRE, et que leur seule difficulté consiste dans le changement du titre de *Marchandises générales*, remplacé, suivant le genre de commerce ou d'industrie, par ceux de : *Négociations, Effets publics, Valeurs diverses, Objets fabriqués, Produits, Magasin, Entreprises, Transports, Exportation, Roulage, Liquidation*, etc.

Comme nous possédons les Spécimens de JOURNAUX-GRANDS-LIVRES contenant tous ces titres spéciaux, qui sont *notre propriété exclusive*, nous réservons également tous nos droits à cet égard.

Pour les Sociétés Coopératives.

Depuis bientôt six ans que nous sommes chef de comptabilité de l'*Association générale d'Ouvriers Tailleurs*, 33, rue Turbigo, la Comptabilité de ces sortes de Sociétés (l'avenir et le bien-être des classes laborieuses) nous est familière. Nous avons créé pour elles, indépendamment du Nouveau Journal-Grand-Livre, des *Registres spéciaux*, qui, par leur simplicité et leur exactitude, permettent aux *Directeurs-Gérants* et aux *Membres du Conseil de Surveillance* (tous ouvriers, par parenthèse), de *vérifier* et de *contrôler sans efforts* et *sans recherches*, toutes les opérations d'une Société.

Car tel a toujours été notre but à l'égard des Sociétés : organiser des Livres qui puissent mettre les *Mandataires responsables* à l'abri de tout reproche, de tout soupçon, et de leur permettre de se rendre compte, hors de la présence du Comptable, des opérations et de leur résultat.

NOTA. — Les opérations qui figurent sur notre *Modèle-Spécimen* ont été extraites de notre Méthode de *Tenue de Livres*. Ces simples opérations suffisent amplement pour prouver toute la valeur et l'importance du Nouveau Journal-Grand-Livre.

TABLE DES MATIÈRES

DOIT — **RÉCAPITULATION OU BALANCES & SOLDES** — **AVOIR**

Specimen page of a double-entry journal-ledger. Column groups: COMPTES PARTICULIERS, COMPTES GÉNÉRAUX (DOIT side); RÉCAPITULATION OU BALANCES & SOLDES (centre); COMPTES GÉNÉRAUX, COMPTES PARTICULIERS (AVOIR side). Sub-columns include: Pertes, Achats, Caisse, Entrée, Sortie, Effets à Payer, Effets à Recevoir, Divers Crédit, Divers Débit, Soldes, Doit, Noms des Débiteurs, Noms des Créditeurs, Ventes, Dépenses, Profits, Capital.

1874 — du 1er Mai — *Reports*

1. Divers à Capital
2. Capital à Divers — Effets à Payer — Divers Créanciers
3. Frais Généraux à Caisse
4. Effets à Payer à Caisse
5. Divers à Marchandises
6. Divers à Caisse — Effets à Payer — Frais Généraux
7. Marchandises à Divers — Bataille — Chambard
8. Bataille à Divers — Effets à Payer — Caisse — Profits et Pertes
9. Destrem à Divers — Effets à Recevoir
10. Divers à … — Effets à Recevoir
11. Caisse à Marchandises

À Reporter

Modèle Spécimen du NOUVEAU JOURNAL-GRAND-LIVRE avec application d'opérations pratiques

MÉTHODE CORNET, Propriété de l'Auteur (Déposé).

" Indépendamment de chaque Exemplaire signé, tout Registre non revêtu du mot AUTORISÉ, avec la SIGNATURE de l'Auteur, sera réputé CONTREFAIT

DOIT — RÉCAPITULATION OU BALANCES A SOLDES — AVOIR

DOIT — COMPTES PARTICULIERS					DOIT — COMPTES GÉNÉRAUX					N° d'Ordre des Articles	Folios des Comptes		Journal	Récapitulation Doit et Avoir	AVOIR — COMPTES GÉNÉRAUX					AVOIR — COMPTES PARTICULIERS				
CAPITAL E Passif	IMMEUBLES D Entrée	Matériel & Mobilier C Entrée	DIVERS CRÉDIT B	DIVERS DÉBIT A	Profits & Pertes 5 Pertes	Effets à Payer 4 Acquits	Effets à Recevoir 3 Entrée	CAISSE 2 Recettes	March. générales 1 Achats		Débiteurs	Créditeurs			March. générales 1 Ventes	CAISSE 2 Dépenses	Effets à Recevoir 3 Sortie	Effets à Payer 4	Profits & Pertes 5 Profits	DIVERS DÉBIT A	DIVERS CRÉDIT B	Matériel & Mobilier C Sortie	IMMEUBLES D Sortie	CAPITAL E Actif

Récapitulation ou balances à soldes : Soldes — Doit — Noms des Débiteurs — Noms des Créditeurs — Doit — Soldes

1874

du 10 Mai

Report

Marchses à Prof. et Pert. — pour Bénéfice brut résultant des opérations

dito

Prof. et Pert. à Capital — pour Bénéfice net résultant des opérations

Total des opérations à l'Inventaire de ce jour

des

Actif

pour Soldes en fermeture des Comptes Débiteurs à l'Inventaire de ce jour :

10 Mai Marchandises génles — pour celles en magasin

d° Caisse — pour montant en Espèces

d° Mobilier Indl et Persl — pour solde à nouveau

d° Immeubles — d°

d° Leon Watson — d°

des

Passif

pour Soldes en fermeture des Comptes Créditeurs à l'Inventaire de ce jour :

10 Mai Effets à Payer — pour ceux en circulation

d° Moreau — pour solde à nouveau

d° Bataille — d°

d° Chambard — d°

d° —— Total du Passif

d° Capital net — pour solde à nouveau

Clôture Générale — à Soldes égaux fr.

1874

du 11 Mai

Actif

pour Soldes en Réouverture des Comptes Débiteurs à nouveau, annulés ci-dessus :

11 Mai Marchandises génles — pour celles en magasin

d° Caisse — pour montant en espèces

d° Mobilier Indl et Persl — pour solde à nouveau

d° Immeubles — d°

d° Leon Watson — d°

des

Passif

pour Soldes en Réouverture des Comptes Créditeurs à nouveau, annulés ci-dessus :

11 Mai Effets à Payer

d° Moreau — pour solde à nouveau

d° Bataille — d°

d° Chambard — d°

d° ——

d° —— Total du Passif

Capital net — pour solde à nouveau

à Reporter — à Reporter

DU MÊME AUTEUR

La **TENUE DES LIVRES** mise en Balance perpétuelle ou *Traité Élémentaire des Principes généraux de la Tenue des Livres en Partie double*, troisième édition, épuisée.

CAHIERS PRATIQUES à l'usage des Élèves, de tous les Livres usités dans le Commerce. — Tous ces Cahiers sont classés, arrangés d'après les tableaux des Livres expliqués dans sa Méthode pour 1re, 2e et 3e année.

CAHIERS PRATIQUES du *Nouveau Journal-Grand-Livre*, à l'usage des Élèves.

SPÉCIMEN ou **CAHIERS** du *Nouveau Journal-Grand-Livre*, grand format, registre à l'usage des Maisons de Commerce et d'Industrie.

FEUILLES MODÈLES (à l'usage des Élèves), de Factures, d'Inventaires, Balances, Comptes-Courants, Billets, Mandats, Lettres de Change et généralement de toutes celles qui se rattachent au Commerce.

FEUILLES ou **REGISTRES** du *Nouveau Journal-Grand-Livre* pour tous les genres de Commerce ou d'Industrie, avec toutes leurs Modifications ou Additions.

TABLEAUX ARDOISÉS suivant le modèle du *Nouveau Journal-Grand-Livre*, indispensables au professorat.

POUR PARAITRE ENSUITE

COURS COMPLET de **COMPTABILITÉ** et de **DROIT COMMERCIAL**.

TRAITÉ THÉORIQUE et **PRATIQUE** des **COMPTES-COURANTS**.

De la **COMPTABILITÉ DES SOCIÉTÉS**, expliquée et démontrée d'après les textes mêmes de la Loi.

De la **COMPTABILITÉ DES SOCIÉTÉS COOPÉRATIVES**. Ce petit ouvrage a été créé spécialement pour faciliter aux ouvriers membres d'une Société coopérative, la vérification des Écritures.

COMPTABILITÉ DU VOLONTARIAT.

Paris-Imp. LEFEBVRE, Pass. du Caire, 87-89.